描かれたザビエルと戦国日本

西欧画家のアジア認識

鹿毛敏夫 編

勉誠出版

はじめに

ザビエル画への誘《いざな》い

日本にキリスト教を伝えたフランシスコ・ザビエルについて、私たち日本人は、中学や高校の教科書でその肖像も含めて学んだ記憶がある。だが世界には、まだ見たこともないザビエルの画像が、無数にある。本書では、その未知なる複数のザビエル像をカラー紹介するのであるが、さらに驚くべきは、ザビエルとともに登場する未知なる日本の姿である。「これは本当に十六世紀の日本なのか?」。その画像を初めて見る読者は、きっとそう感じるに違いない。

そもそも、イエズス会の宣教師フランシスコ・ザビエルが布教活動のために日本に滞在したのは、一五四九年八月から一五五一年十一月までのわずか二年三ヶ月に過ぎない。しかし、この間にザビエルは、鹿児島、平戸、京都、山口、府内（大分市）などの戦国時代日本を精力的に歩き回った。そして、没後数十年経った一六二二年、ザビエルはローマ教皇の勅書《ちょくしょ》により「聖人」となる。アジア各

地で布教に邁進《まいしん》した模範的宣教師「東洋の使徒《しと》」と呼ばれ、その生涯が伝説化していくなかで、ヨーロッパ各地でザビエルの足跡《そくせき》が絵画や版画に描かれて、今日に伝えられることになったのである。

十六世紀に生きたザビエルの生涯を十七世紀に生きた画家が描いた。その絵画群を読み解くことで、当時のヨーロッパの人々が、日本をどう理解し、日本人をどう見ていたか、そして、アジア世界をどう認識していたかが見えてくる。折しも、日本は地域の大名たちが群雄割拠した戦国時代。統一政権としての室町幕府は弱体化し、西日本では島津貴久《しまづたかひさ》、大内義隆《よしたか》、大友義鎮《よししげ》(宗麟《そうりん》)らがしのぎを削る国内情勢である。さらに、日本の南の東シナ海から南シナ海、そしてインド洋へとつながるアジアの海上では、中国や東南アジア諸国の人々、それにポルトガル人らが帆船を操ってせめぎ合う国際空間を形成していた。

この「せめぎ合う国際空間」と「しのぎを削る国内情勢」が絡まった十六世紀のアジアと日本に身を置いたザビエルを、西欧の画家はどう描こうとしたのか。本書後半に配した日本史・東洋史・西洋史・宗教史・絵画史の各専門研究者による重層的な「考察」を解読のよりどころとしながら、読者のみなさんを「描かれたザビエルと戦国日本」の絵解きへと導くことにしよう。

鹿毛敏夫

Polus Mag
Aman
reg.

CONTENTS

MARE CIN
Las dos hermanas
Malabrigo
Arcipelago de S.Lazaro
Thebet
Sandeber Sabana Ptol
Lequio maior

Ⅲ ザビエル・グラフ

Ⅳ 資料編

Asia ex magna orbis terre descriptione desumpta studio et industria G. M. Iunioris.
（メルカトル（1512-94）のアジア図（部分）1600年 上智大学キリシタン文庫蔵）

凡　例

・サン・ロケ教会所蔵「フランシスコ・ザビエルの生涯」連作油彩画二十点については、同教会聖具室での配列順に番号を付し、本書では1〜20で統一表記した。作者は、1〜10がアンドレ・レイノーゾ、11〜19がアンドレ・レイノーゾとその工房、20がアンドレ・レイノーゾ工房とする同教会見解に従ったが、作品名については考証によって名称変更したものもある。

・各文中の図版について、筆者撮影の場合は氏名を省略した。筆者以外の撮影は、左記の通りである。

ジュリオ・マルケス（Julio Marques）（1〜20）、中島楽章（47頁図9）、ボン・ジェズ教会（49頁図10）、

鹿毛敏夫（70頁図4、71頁図5）

I

図版編

サン・ロケ教会所蔵「フランシスコ・ザビエルの生涯」
"The Life of Saint Francis Xavier"を読み解く ……………………………… 鹿毛敏夫

サン・ロケ教会所蔵「フランシスコ・ザビエルの生涯」
連作の絵画様式 ………………………………………………………………… 木村三郎

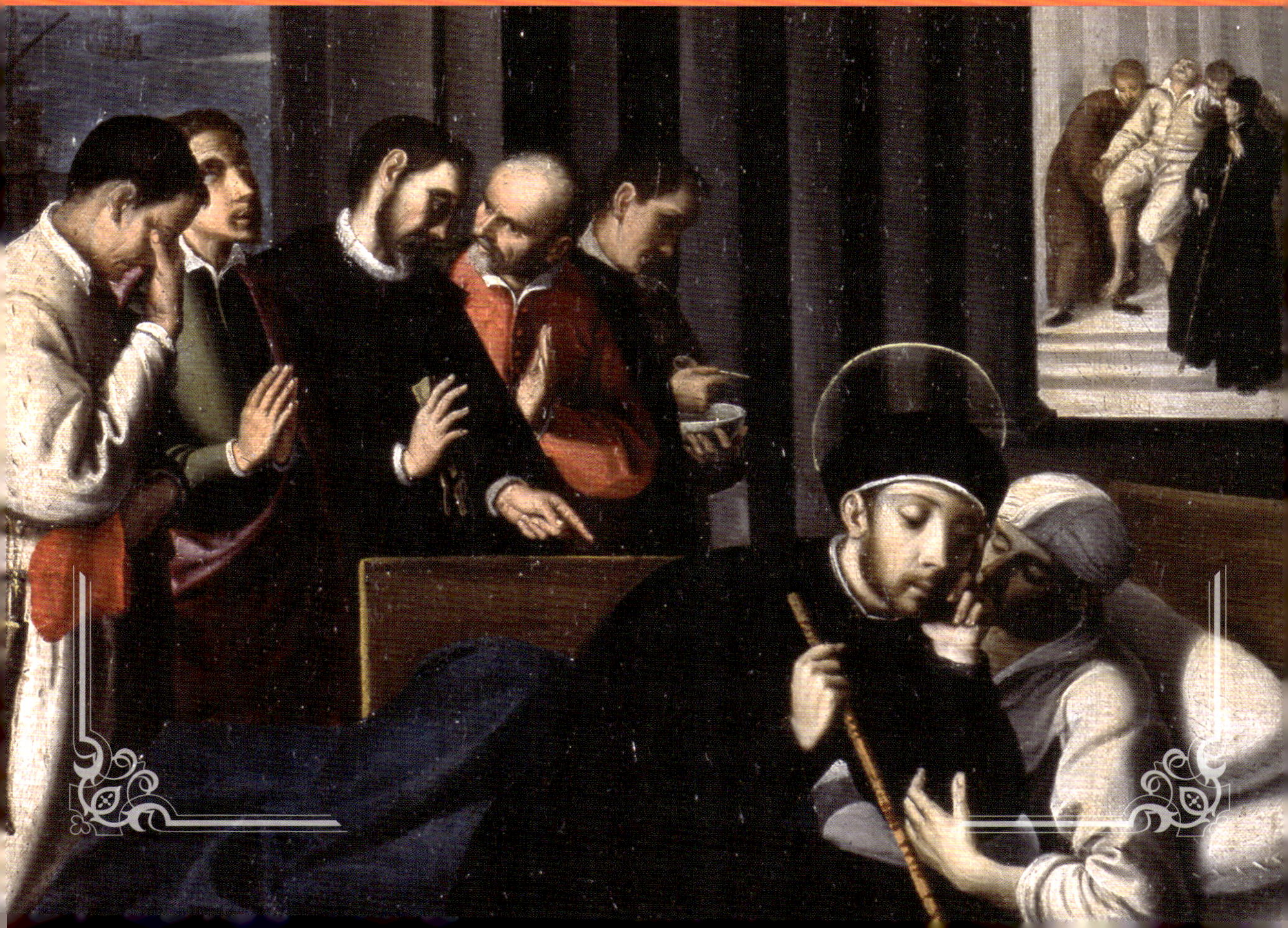

サン・ロケ教会所蔵「フランシスコ・ザビエルの生涯」"The Life of Saint Francis Xavier"を読み解く

鹿毛敏夫

ポルトガルの首都リスボンにあるサン・ロケ教会（図1）。一五八四年、長い航海を終えてリスボンに到達した日本の天正《てんしょう》少年使節が一ヶ月間滞在したこの教会は、イエズス会の本部として機能していた。建物は、国王ジョアン三世がイタリアの建築家フィリップ・テルツィに依頼して十六世紀半ばに完成させたものであるが、正面ファサードは一七五五年の大地震で崩壊し、後に修復されたものである。大聖堂正面の主祭壇は黄金の輝きで礼拝者を魅了し、左右に設けられた八つの祭壇からは青白い光が発している（図2）。海外布教の使命を帯びた宣教師たちは、この教会を拠点として旅立ち、また、日本からの少年使節たちはこの教会のミサに出席し、オルガンの音色に感動したという。

　このサン・ロケ教会の主祭壇の左手奥に、サクリスティ＝聖具室（図3）がある。天井にイエズス会の紋様をあしらった装飾を施した室内の壁面には、数十点の額装絵画がはめ込まれており、それらは三つの主題に基づいた連作画群を形成している。その絵画群のなかに、画家アンドレ・レイノーゾ（一五九〇〜一六四一）とその工房による二十点の連作油彩画が存在している。

　アンドレ・レイノーゾは、十七世紀前半のポルトガルにおいて、

図1　サン・ロケ教会（リスボン）

図2　サン・ロケ教会の大聖堂

特に教会の装飾や祭壇画の分野で突出した才能を発揮した画家である。若い頃はシマン・ロドリゲスのもとで活動するが、やがて独立してバロック絵画の研究を志し、一六一九年、リスボンのサン・ロケ教会聖具室において、The Life of Saint Francis Xavier と題されることになる一連の油彩画を描いたのである（Serrão 2006）。

レイノーゾとその工房の手によるこの連作油彩画については、ポルトガル美術史の観点からヴィトール・セラン氏による考察がなされ、その日本語訳も公開されている（日埜・内藤訳一九九九）。セラン氏は、これらについて、「ポルトガル美術史上すべてを見渡しても、比肩するものの少ない優れた宗教画と評価される」と述べているが、しかしながら、日本においては、その二十点の画像が必ずしも広く周知されているとはいえない。特に、そこにザビエルが訪れた戦国時代日本の三つの都市（薩摩《さつま》の鹿児島、周防《すおう》の山口、豊後《ぶんご》の府内〈大分市〉）での活動の姿が描写され、ザビエルと討論する日本人僧侶たち、あるいはザビエルにすがろうとする日本人信者のようすが描かれていることなどは、ごく一部のキリスト教美術史研究者を除いてほとんど知られていないのが現状である。

そこで本書では、アンドレ・レイノーゾとその工房による The Life of Saint Francis Xavier の二十点の連作油彩画の全貌をカラー画像で紹介し、その画像一点一点を読み解きながら、ザビエルのアジア宣教活動の足跡《そくせき》と、それを迎えた戦国時代の日本と日本人の様相について考えていくこととしよう。

サン・ロケ教会聖具室の壁面に額装されたアンドレ・レイノーゾの連作油彩画二十点は、部屋の南西隅から右回りに壁面を一周するように配置されている。作品は、イエズス会がローマ教皇によって認可された瞬間に始まり、フランシスコ・ザビエルの遺体がゴアの聖パウロ学院に到着した瞬間を終わりとして、多少の時間の前後があるものの、その間の歴史をザビエルの足跡に沿って描き出している。以下、1～20の番号を付して、二十点の連作油彩画の各画像場面を解読していく。

図3　サン・ロケ教会の聖具室

1は、ローマ教皇パウロ三世がザビエル一行を謁見《えっけん》する場面である。

一五三四年八月、イグナティウス・デ・ロヨラやザビエルを中心とした七人の同志が、パリのモンマルトルの丘にあるサン・ドニの地下聖堂で、清貧《せいひん》・貞潔《ていけつ》・聖地巡礼の三つの誓願《せいがん》を立て、イエズス会が実質的に誕生した。ロヨラとザビエルらは、その後、一五三九年に教皇パウロ三世の勅許《ちょっきょ》を求め、翌一五四〇年九月二十七日に教皇の認可教勅が出されることになる。画面は、その三年前の一五三七年四月三日のローマで、ザビエルらが教皇に謁見して、エルサレム巡礼と叙階の許しを願う場面である。

ヴィトール・セラン氏は、このザビエルとローマ教皇の謁見の場面を、「the historical meeting which occurred in Rome in 1540 between Pope Paul Ⅲ on one side and on the other Saint Francis Xavier and his companions asking the Pope to allow them to receive sacred orders and then proceed to the Holy Land」（ローマ教皇パウロ三世と、聖地巡礼と叙階の許可を請願するザビエル一行による、一五四〇年のローマでの歴史的謁見）として紹介している（Serrão 2006）が、ザビエル一行が聖地巡礼と叙階の許可を求めて教皇に謁見したのは、一五三七年四月三日であり、その後四月三十日にはすでに許可状を獲得している。

右側で二人の侍従《じじゅう》を従えて玉座《ぎょくざ》に座る教皇パウロ三世の足下で、ザビエルがひざまずき、その後方でロヨラ（後方右）とディエゴ・ライネス（後方左）の二人が起立する構図である。教皇の玉座には豪華な刺繍織物が敷かれ、その天蓋《てんがい》の紋様《もんよう》とともに、オリエンタルな雰囲気を醸《かも》し出している。また、ロヨラの後方にのぞく謁見の間の外の景色には、伝統的なローマ建築の建物が見え隠れしている。前述三つの誓願に、教皇の命に従って全世界のどこにでも赴く「従順」を加えた、四つの誓願を掲げて、この瞬間からイエズス会の正式な宣教活動が始まったことを象徴する絵画である。

1 「ザビエルとその一行を謁見するローマ教皇パウロ3世」
カンヴァス・油彩　縦90cm×横82cm

ローマ教皇に謁見する直前、ザビエルらは、誓願の一つであるエルサレム巡礼を実現するため、巡礼船が出航するヴェネツィアへ向かっていた。しかしながら、オスマン帝国との関係悪化の影響で一年ほど待っても巡礼船が出ることはなく、彼らはこの間、ヴェネツィア近郊で説教や奉仕活動を行った。

2は、そのヴェネツィアで一五三七年一月に訪れたサン・マルコ聖堂（**図4**）の病院での一場面である。ベッドに横たわるのは不治の病で死を迎えようとしている病人であり、ザビエルはその枕元に座り、病者の告解《こっかい》にそっと耳を傾けている。その後方に立つのは病者の親類や友人たちであり、死にゆく一人の人間を前にして、ある者は語り、ある者は祈り、そしてまた、ある者は目頭《めがしら》を押さえて泣き悲しんでいる。

背後右側のアーチ型門の外に遠近法によって描かれた聖堂内の階段では、病者が二人の修道士に抱きかかえられ、一方、背後左側のアーチ型門の外には、今では薄黒くなっているが、聖地へとつながるヴェネツィアの青い海が広がっている。ヴェネツィアでこうした慈善的活動を繰り広げながら、ザビエルとロヨラらは、同年六月にこの地で司祭に叙階され、世界宣教の道を歩んでいくことになるのである。

2「ヴェネツィアのサン・マルコ聖堂の病院で病者の告解に耳を傾けるザビエル」
カンヴァス・油彩　縦92cm×横63cm

図4　サン・マルコ聖堂（ヴェネツィア）

3 「インド宣教への船出を前にポルトガル国王ジョアン3世に暇乞いをするザビエル」

カンヴァス・油彩　縦104cm×横165cm

成立間もないイエズス会に対し、ポルトガル国王ジョアン三世は、植民地インドへの宣教師の派遣をローマ教皇を介して要請した。ロヨラは早速、二人の人物（シモン・ロドリゲスとボバディーリャ）を人選してインドへ派遣しようとしたが、一五四〇年三月の出発予定日の直前にボバディーリャが熱病に罹患《りかん》してしまった。そこでロヨラは、急遽《きゅうきょ》代役としてザビエルを抜擢《ばってき》したのである。ロヨラからの要請を受けたザビエルは、早々に渡航支度を調えて船の出航地リスボンに向かい、ジョアン三世に接見した。

3は、一五四〇年七月、インド宣教への船出を前にザビエルがジョアン三世に暇乞《いとまご》いをする場面である。豪華な金襴《きんらん》をあしらった天蓋玉座から歩み寄ったジョアン三世は、

ひざまずくザビエルの両手をとって言葉をかけている。ザビエルの後ろには、同じイエズス会士でザビエルより四歳年下のシモン・ロドリゲスが伺候《しこう》している。玉座の横には、国王宮廷の廷臣たちが立ち並んで、その接見のようすを見守っている。

画面左後方にのぞく宮廷バルコニーの彼方には、リスボン市内の教会の前での説教のようすと、さらにその背後にはインドへの出航準備を終えてテージョ川に碇泊《ていはく》する大型帆船サンチャゴ号が描かれている。翌一五四一年四月、新任のインド総督（ポルトガル領アジア全体の総督）マルティン・アルフォンソ・デ・ソーザが乗り込んだこの船に乗船して、ザビエルはリスボンを出立したのである。

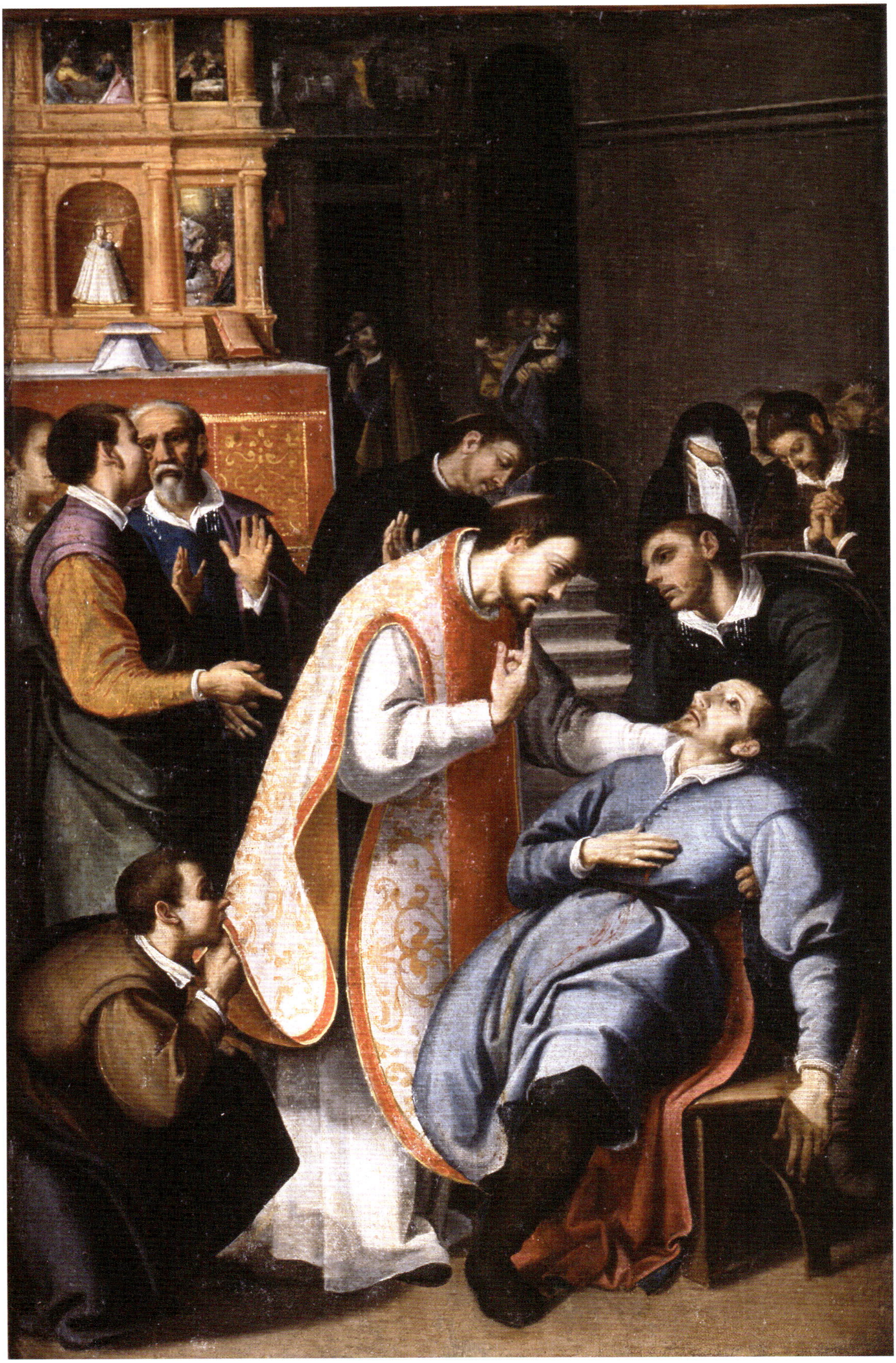

ザビエルを乗せた船は、リスボンからアフリカ大陸西岸を南下して喜望峰《きぼうほう》を迂回《うかい》し、一五四一年八月には東岸のモザンビークに到達した。そして、翌一五四二年二月、モザンビークを発ち、五月六日にインド西海岸中央部のゴアに到着した。ゴアは、ポルトガルによるインド植民地支配の政治的中心地であり、一五一〇年にこの地を奪取して以来、ポルトガルは総督を派遣してアジアに獲得した植民地を統括させていた。4からは、ザビエルがアジア布教の本拠地としたゴアをはじめとしたインド国内での宣教活動の場面が続く。

4は、ゴアの教会でザビエルが病める男性を癒《いや》す場面である。

背後に描かれた聖母マリアの祭壇の前で、敬虔《けいけん》な信者たちが祈り、ザビエルは椅子に腰掛けた男性の肩に手を添えながら語りかけており、そのようすを左下に座り込んだ若者が注視している。ザビエルの背後では高貴な装いの人物二人が会話しているが、このうちの一人はインド総督マルティン・アルフォンソ・デ・ソーザであろう。

5もゴアの場面で、ザビエルの民衆説教活動の状況を如実に物語っていて興味深い。数名の侍祭《じさい》とともに教会戸口の石段の上に立ったザビエルは、聖書のいくつかの場面を描いた図をのぼりのようにして掲げ、キリスト教の教義をわかりやすく説こうとしている。掲げられた二つののぼりのうち、右側のものは定かではないが、左側のものは聖母マリアのいわゆる「無原罪の御宿り」（聖母受胎《せいぼじゅたい》）の図像である。ザビエルと侍祭たちは、こうした複数の図像を用いて民衆の視覚に訴えることで、抽象的な理論や言葉の通じにくいアジアの地での改宗者の獲得に努めたことがわかる。

一方、さらに興味深いのは、ザビエルの説教を聞きに教会前に集まった五十名ほどの人々の姿である。男性、女性、老人、若者から子どもまで、まさに老若男女を問わない幅広い人々がザビエルの説教に耳を傾けているが、例えば、前列左端の男性は腰に格子模様のサリーを巻き付けて上半身は裸でターバン姿、中央部に立つ女性は乳飲み子を抱えて乳房を出しており、現地の人々の生活のようすがうかがえる。一方、画面左上で馬にまたがったまま説教を聞いているのはポルトガル人である。さらに、集まった民衆には、白人、黄色人に加えて黒人も含まれている。特に、馬上のポルトガル人貴族に傘を差し掛けている後列左端の人物は、アフリカからの黒人奴隷といえる。ザビエルに近い最前列に座る子どもたちのなかにも、高貴な服装やネックレスを身につけた白人の子どもから、黄色や黒褐《こっかつ》色《しょく》の肌をした子どもまで、多様な民族の子どもたちが描かれており、十六世紀のゴアが多民族・多人種の人々が混在するコスモポリタン・シティー（国際都市）であったことが伝わってくる。民衆の背後には、ゴアの中心部へとつながる街路がのびており、最奥部には司教座《しきょうざ》教会と思われる塔を有する教会もそびえている。

4「インドのゴアの教会で病める男性を癒すザビエル」
カンヴァス・油彩　縦92㎝×横67㎝

5 「インドのゴアで民衆に説教をするザビエル」 カンヴァス・油彩 縦104cm×横165cm

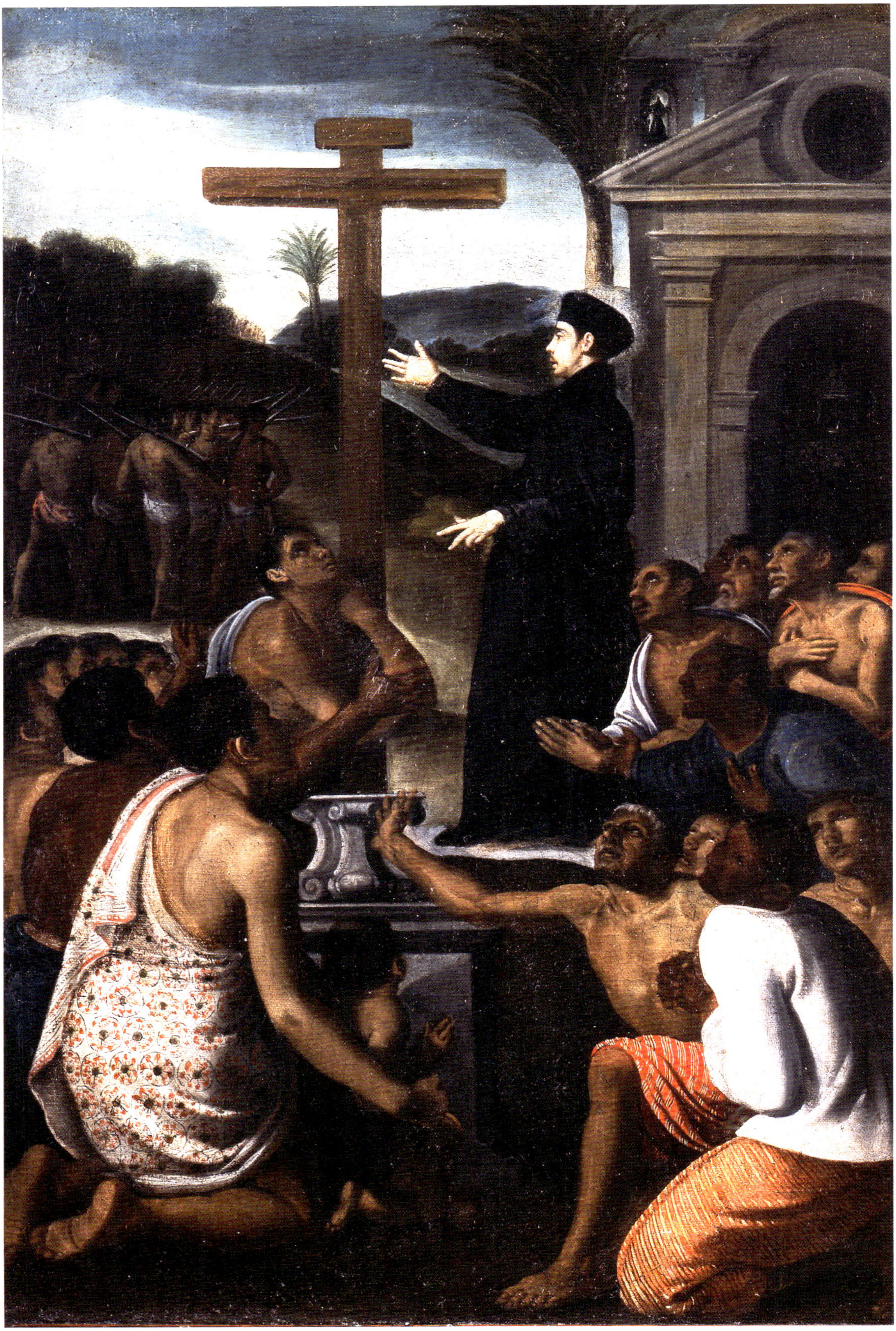

インドでのザビエルの布教活動は、その後も精力的に続いた。一五四二年五月にゴアに上陸した後、九月にはインド南部の宣教に出かけ、翌一五四三年の十一月にゴアに戻っている。このインド南部宣教の場面が、**6**である。

ゴアからインド半島最南端のコモリン岬《みさき》（**図5**）まで続くマラバル海岸には、漁業を生業《なりわい》としたヒンドゥー教徒が多く生活していた。ザビエルはその村々を訪れてキリスト教への改宗をうながし、およそ一万人の信者を獲得することに成功したといわれている。

画面は、敬虔な信者となった現地の漁民たちとともに、十字架を建てている場面である。両手を合わせて十字架に祈りをささげる漁民たちの姿からは、南インドでのザビエルの宣教活動の大きな成果を読み取ることができるが、しかし、キリスト教の布教活動に必ずしも全ての漁民が協力的であったわけではなく、十字架の後方では、ザビエルの活動を快く思わない半裸の漁民たちが、銛《もり》などの漁具を武器として抱え、バラモンを中心に集まっているようすも描かれている。

さて、アンドレ・レイノーゾとその工房による二十点の連作油彩画のなかには、宗教画という史料の性質上、科学の視点からは解釈しがたい、いわゆるザビエルの「奇《き》跡《せき》」の図も含まれている。

7は、その奇跡の一つを図像化したもので、セイロン（スリランカ）を訪れた際に土中に葬《ほうむ》られたカーストの族長を蘇生《そせい》させたとするエピソードの図である。

図5　インド最南端のコモリン岬

6「インド南部で信者となった漁民たちとともに十字架を建て説教をするザビエル」

カンヴァス・油彩　縦90㎝×横64㎝

7 「セイロンで土葬されたカーストの族長を蘇生させたザビエル」 カンヴァス・油彩 縦104cm×横164cm

8は、ゴアの聖パウロ教会でのザビエルのミサのようすを描いている。

ゴアで最初に布教を始めたフランシスコ会は、現地人のカトリック伝道者を養成するために、一五四一年に聖パウロ学院（**図6**）を創設した。ゴア南東部に生まれたこのコレジオには、その二年後の一五四三年一月に教会が付属される。学院はやがて、フランシスコ会の院長からザビエルに委譲されてイエズス会の運営となり、八十八名の教授と三〇〇〇名の学生を有する大規模コレジオとして発展した。

図は、その聖パウロ教会の金色に輝く祭壇の前で執り行われたザビエルのミサに、ポルトガル人をはじめ、幼児を抱えたインド人の女性までもが参集し、祈りを捧《ささ》げる姿を表している。

図6　聖パウロ学院跡の正面ファサード（ゴア）

8　「インドのゴアの聖パウロ教会でミサを行うザビエル」
カンヴァス・油彩　縦90㎝×横65㎝

9も、ザビエルの「奇跡」の図の一つである。

インドのコチンからマレーシアのマラッカに渡る船中で飲料水が枯渇《こかつ》した際に、ザビエルが壺でくみ上げた海水に祈りをかけて飲み水に変え乗船者を救ったとするエピソードの図像化である。

9 「マラッカに渡る船中でくみ上げた海水を飲み水に変えるザビエル」 カンヴァス・油彩 縦104cm×横156cm

10は、聖母マリアの祭壇の前でひざまずくザビエルを三人の悪魔が誘惑する場面であり、これも宗教的色彩の濃い画像である。

さて、インドから東南アジア方面に進出したポルトガルは、マレー半島西岸のマラッカを拠点としてその勢力を拡大する。一五四七年十二月、マラッカのポルトガル艦隊は、スマトラ島北部のアチェ王国と対立し、マラッカ海峡を挟んだ海戦が開始されることになった。アチェは東南アジアを代表するイスラーム国家であり、この時期には同地域の香辛料貿易を独占して利益をあげ、マラッカを領有するポルトガル勢力を牽制《けんせい》していた。

11では、画面後方で、アチェの艦隊とポルトガル艦隊が交戦する状況が描かれている。画面左側では、マラッカ郊外の海岸に並んだポルトガル船艦に物資を積み込み、兵士たちが乗り込もうとしているが、この出兵に際し、ザビエルは、キリスト磔刑《たっけい》像の十字架をかざしてポルトガル人兵士たちへの加護《かご》を祈っている。

そして、東南アジア方面でのザビエルの活動は、マレー半島のマラッカからさらに東へと進み、インドネシアのモルッカ諸島におよんだ。

一五四六年、ザビエルはこの地域での布教活動に精力を注いだが、ここでも二つの奇跡が図像化されている。12は、モルッカ諸島へ渡るべくザビエルが乗船した船が洋上で砂州《さす》に乗り上げて難破しかけた際のもので、船上でザビエルが祈ると、突然、幼少のイエスが海上に現れて船を救い、航行を続けることができたとするエピソードの画像である。

さらに、13は、モルッカ諸島のアンボンという町からセラム島へ渡る際の出来事で、渡航船が突然の嵐に巻き込まれて、ザビエルは十字架を海中に落としてしまったが、嵐が収まって上陸した島の海岸に歩み出たところ、紛失した十字架をハサミに挟んで歩くカニに出会った場面の図像である。信者の間でこのエピソードは、「カニの奇跡」として語り継がれている。

10「聖母マリアの祭壇の前で悪魔に誘惑されるザビエル」
カンヴァス・油彩　縦90㎝×横74㎝

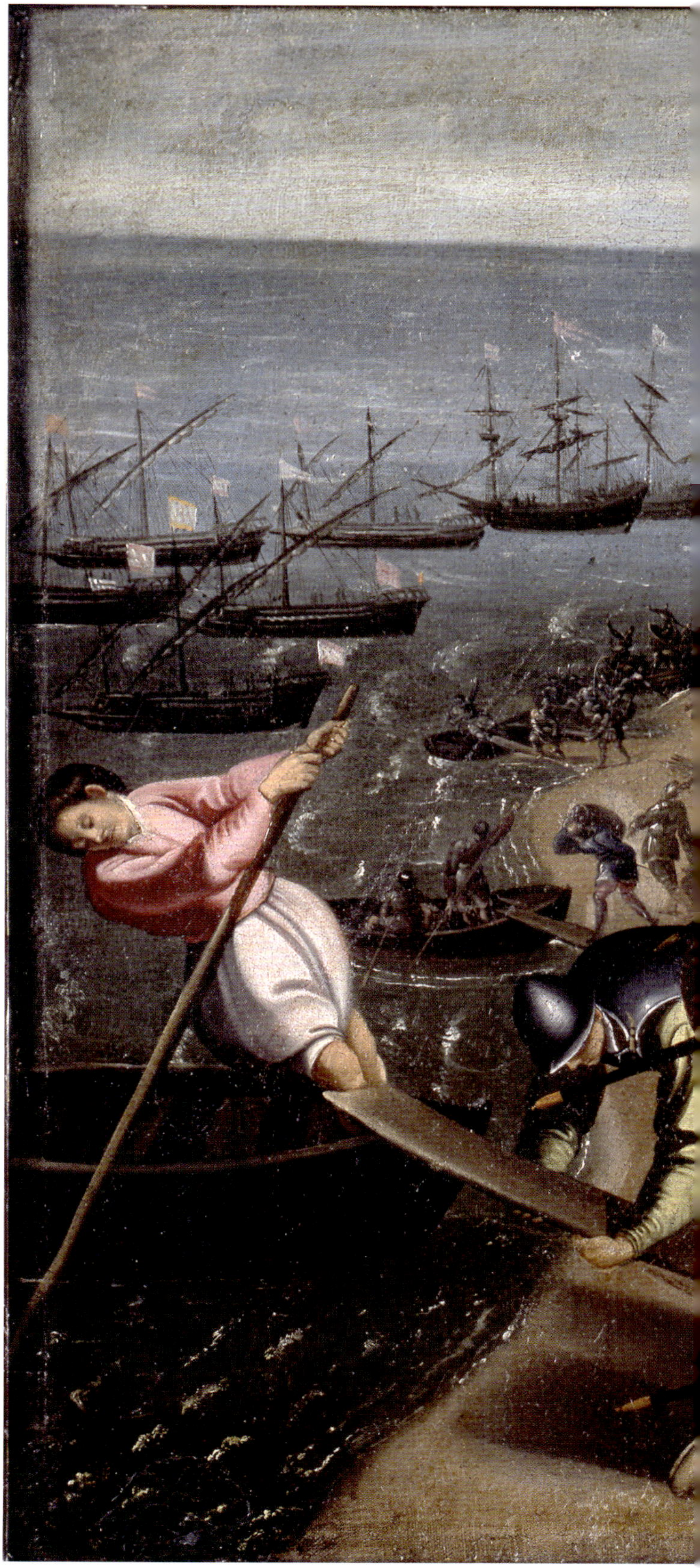

11 「アチェ王国との交戦に出陣するポルトガル人兵士たちにキリスト磔刑像の十字架をかざして加護を祈るザビエル」
カンヴァス・油彩　縦90㎝×横103㎝

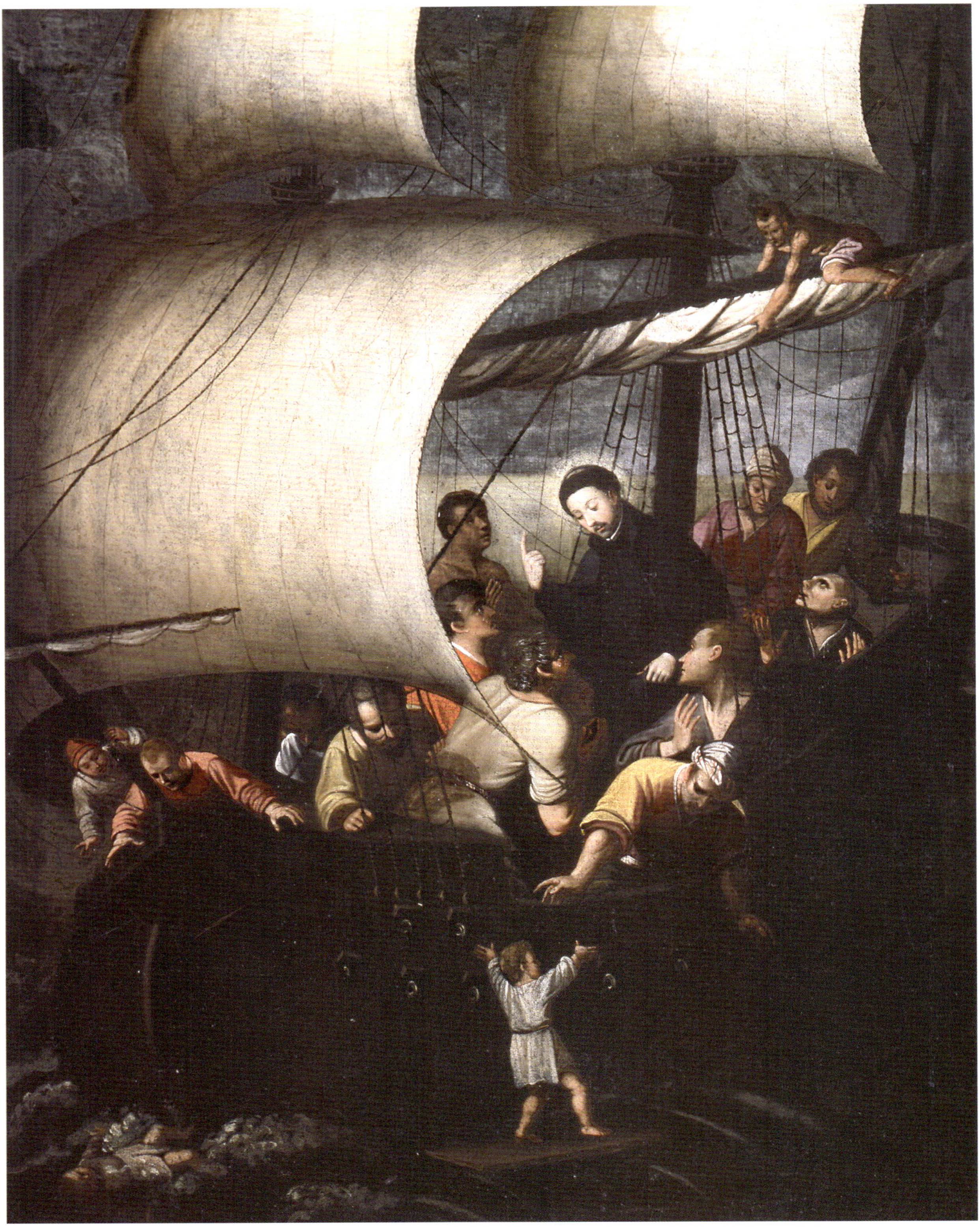

12 「インドネシアのモルッカ諸島へ
航行中の座礁船を救うザビエル」

カンヴァス・油彩　縦90cm×横72cm

13 「セラム島へ渡る船中で落とした十字架を
ハサミに挟んで歩くカニに出会ったザビエル」
カンヴァス・油彩　縦90cm×横60cm

ポルトガルとアチェの壮絶な戦いのようすは、11に加えて14にも描かれている。

画面右では、マラッカと思われる都市が三日月をあしらった赤色旗を掲げるアチェのイスラーム教徒によって破壊され、略奪を受けている。石積みの建物が大きく崩壊し、街路には息絶えた多くの戦士たちが横たわっているが、この状況のなか、ザビエルは、街はずれの高台に立って聖書を開き、天を仰いで祈りをささげている。

画面左端に描かれた海岸には、ポルトガル国旗を掲げた艦隊がまさに今到着し、攻撃を受けたマラッカの救済が始まろうとしている場面である。

14 「イスラーム教徒の破壊・略奪を受ける
マラッカの街はずれの高台で聖書を開き
祈りをささげるザビエル」
カンヴァス・油彩　縦104cm×横158cm

図7　アンジロー（左）とザビエル（右）の像
（鹿児島市のザビエル公園）

4から14において、ザビエルのアジア宣教活動の範囲が、インドから東南アジア方面へと拡大していったようすが明らかとなるが、その東南アジアのマラッカでの活動が、アジア布教の次なる転機をザビエルに与えることになる。

　一五四七年十二月、マラッカの教会でザビエルは、アンジロー（ヤジロー）という人物に出会い（図7）、東アジアにある日本という国の存在を認知することとなる。そのいきさつについて、ザビエルは、ローマのイエズス会員に宛てた書簡で次のように記している。

> マラッカの町にいた時、私がたいへん信頼しているポルトガル商人たちが、重大な情報をもたらしました。それは、つい最近発見された日本と呼ぶたいへん大きな島についてのことです。彼らの考えでは、その島で私たちの信仰を広めれば、日本人はインドの異教徒には見られないほど旺盛な知識欲があるので、インドのどの地域よりも、ずっとよい成果が挙がるだろうとのことです。
>
> 　このポルトガル商人たちとともに、アンジロウ（アンジロー）と呼ぶ一人の日本人が来ました。彼はマラッカから日本へ行ったポルトガル商人（ジョルジェ・アルヴァレス）が私のことを話したのを聞いて、私を探してここまで来たのです。このアンジロウは、青年時代に犯した罪についてポルトガル人に話し、こんな大きな罪を主なる神に許してもらうための方法を求め、私に告解したいと思って［マラッカへ］来たのでした。…（略）…彼は私に会ってたいへん喜びました。彼は私たちの教理を知りたいと熱望して、私に会いに来たのです。彼はかなりポルトガル語を話すことができますので、私が言ったことを理解しましたし、私もまた彼の話が分かりました。
>
> 　もしも日本人すべてがアンジロウのように知識欲が旺盛であるなら、新しく発見された諸地域のなかで、日本人はもっとも知識欲の旺盛な民族であると思います。…（略）…

図8　伝アンジロー墓
（鹿児島県日置市伊集院町）

私の友人で日本でアンジロウの郷里に長らく滞在したポルトガル商人（ジョルジェ・アルヴァレス）に、日本の土地柄や人びとについて、自分で見たことや、真実を話すと思われる人たちから聞いたことを報告書に書いてくれるように頼みました。彼はその報告書をたいへん詳しく書いてくれましたので、それをこの手紙に同封して送ります。日本から帰って来たポルトガル商人のすべてが、もしも私が日本へ行けば、日本人は理性豊かだから、インドの異教徒［の改宗のために働く］よりも、主なる神にもっと大きな奉仕となるであろうと言います。私は心のうちに私自身か、あるいはイエズス会の誰かが、二年以内に日本へ行くようになるだろうと思います。その渡航はたいへん危険で、大暴風雨に遭いますし、海上には積み荷を盗ろうと往来する中国の海賊船がいますし、［航行の途中で］たくさんの船が難破していますけれど、それでも私たちは行きます。

（河野純徳訳『東洋文庫五八〇　聖フランシスコ・ザビエル全書簡』二（平凡社、一九九四年）、書簡第五九（一五四八年一月二十日、コーチン（コチン）よりローマのイエズス会員あて））

告解を熱望してザビエルのもとを訪れたアンジローという日本人に対して、ザビエルはその豊かな語学力と旺盛な知識欲を認め、また、すでに日本を訪れたことのあるポルトガル商人から聞いた日本人の民族性に関する情報から、インド以上の改宗成果があがるであろうと確信をもつようになったのである。

こうしてザビエルは、一度インドのゴアに戻ってアジア宣教態勢を立て直して日本渡航の準備を進め、一五四九年四月にゴアを出帆し、コチン、マラッカを経て、同年八月十五日（天文《てんぶん》十八年七月二十二日）、日本の鹿児島に上陸したのである。

以下、15から17までの三点の絵画では、ザビエルの日本での布教活動のようすが描かれている。

MAIS MAIS

15は、薩摩の鹿児島でのザビエルのようすである。

画面では、日本に上陸したばかりのザビエルが、馬にまたがった男性に導かれながら素足《すあし》で鹿児島の地を先へと進んでいる。馬上の男は、アンジローである。アンジローは、マラッカでのザビエルとの面会の後、ザビエルに従ってインドのゴアに渡り、そこで正式にキリスト教の洗礼を受けて、パウロと名乗った。一五四九年、ザビエルの日本渡航に付き従い、自らの出身地鹿児島にザビエルを案内したのである。鹿児島の武士の家柄に生まれたとされるアンジローは、マラッカで学んだポルトガル語を駆使《くし》して、以後、鹿児島でのザビエルの布教活動の通訳兼案内人として奔走《ほんそう》することとなる。

画面では、馬上から気にかけて振り向くアンジローに対し、ザビエルが「MAIS MAIS」と呼びかけている。日本語直訳では「さらにさらに」であるが、これは、待望の日本に上陸してこれから布教活動に邁進《まいしん》しようとするザビエルの希望と気迫にあふれた言葉といえよう。

背後に描かれた建物や林の中でたたずむ羊飼いのようすからは、十七世紀初頭のポルトガル人美術家の日本認識のレベルがインド認識ほど正確ではないことが判読できるが、しかしながら、ザビエルによる日本布教の第一歩が、鹿児島出身でマラッカに渡航していたアンジローの先導によって達成されたことを示す貴重な史料といえよう。

15「アンジローとともに鹿児島の地を進むザビエル」
カンヴァス・油彩　縦90㎝×横66㎝

16 「山口の寺院（のちの教会「大道寺」）で僧侶と討論するザビエル」　カンヴァス・油彩　縦104cm×横158cm

　鹿児島上陸の翌一五五〇年、ザビエルは平戸を経由して周防の山口に到達し、領主大内義隆《よしたか》に面会する。およそひと月の滞在の後に上京して天皇への謁見を求めるがかなわず、わずか十一日間の滞在で都を離れ、翌一五五一年四月に山口に戻っている。その後ザビエルは、九月に豊後の府内（大分市）を訪問し、今度は豊後の領主大友義鎮《よししげ》（宗麟《そうりん》）に面会して豊後国内で布教を続けた。

　16について、ヴィトール・セラン氏は、「The scene represents Saint Francis Xavier preaching at the court of Prince Oufsi Yositaka. from Yamaguchi. in March 1551」（一五五一年三月に山口の王大内義隆の館《やかた》で説教するフランシスコ・ザビエル）と説明する（Serrão 2006）。しかしながら、大内氏の館での説教であるならば画面に必ず登場するはずのPrince Oufsi Yositakaの姿が描かれていない。再度図を見てみると、ザビエルは一人の大名に対峙《たいじ》しているのではなく、大勢の僧侶の輪の中に入ってキリストの福音《ふくいん》を説いていることが明らかである。そして、僧侶たちとの討論によって神の教えこそが真理であるとの結論に行き着いた瞬間を、ザビエル頭上の鳩（聖霊）の出現と、僧侶たちの驚嘆の表情によって、描こうとしている。

　こうしたことから、16は、ザビエルが大内義隆との二度目の面会の後に与えられた寺院での宣教活動のようすを描いたものであり、画題を付すならば、「山口の寺院（のちの教会「大道寺《だいどうじ》」）で僧侶と討論するザビエル」とするべきである（鹿毛二〇一三）。

　ザビエルが発する未知なる教えを前に、ある者は驚き、ある者はささやき、そしてまた、ある者は感嘆している。後方には、数十名の民衆が集まって、柵越しにそのようすを見物している。見学者の中には子どもの姿も垣間《かいま》見える。

　17は、一五五一年九月から十一月まで滞在した豊後府内で、ザビエルが病める日本人女性を癒す場面である。

　聖書を片手に身ぶり手ぶりで施《ほどこ》しの言葉をかけようとするザビエルを、女性はすがるように見つめ、両手を合わせている。女性の後ろには、ザビエルの言葉を耳元で伝えようとする男性をはじめ、豊後府内の多くの人々が二人のようすを見守っている。その中には、民衆のみでなく、仏教の僧侶の姿も描かれている。

　すでに古来からの神道や仏教が普及していた日本社会のなかで、ザビエルは、このような形で社会的弱者を救済しながら、キリスト教信者を獲得していったのである。

17 **「豊後府内（大分市）で病める日本人女性を癒すザビエル」**
カンヴァス・油彩　縦90㎝×横60㎝

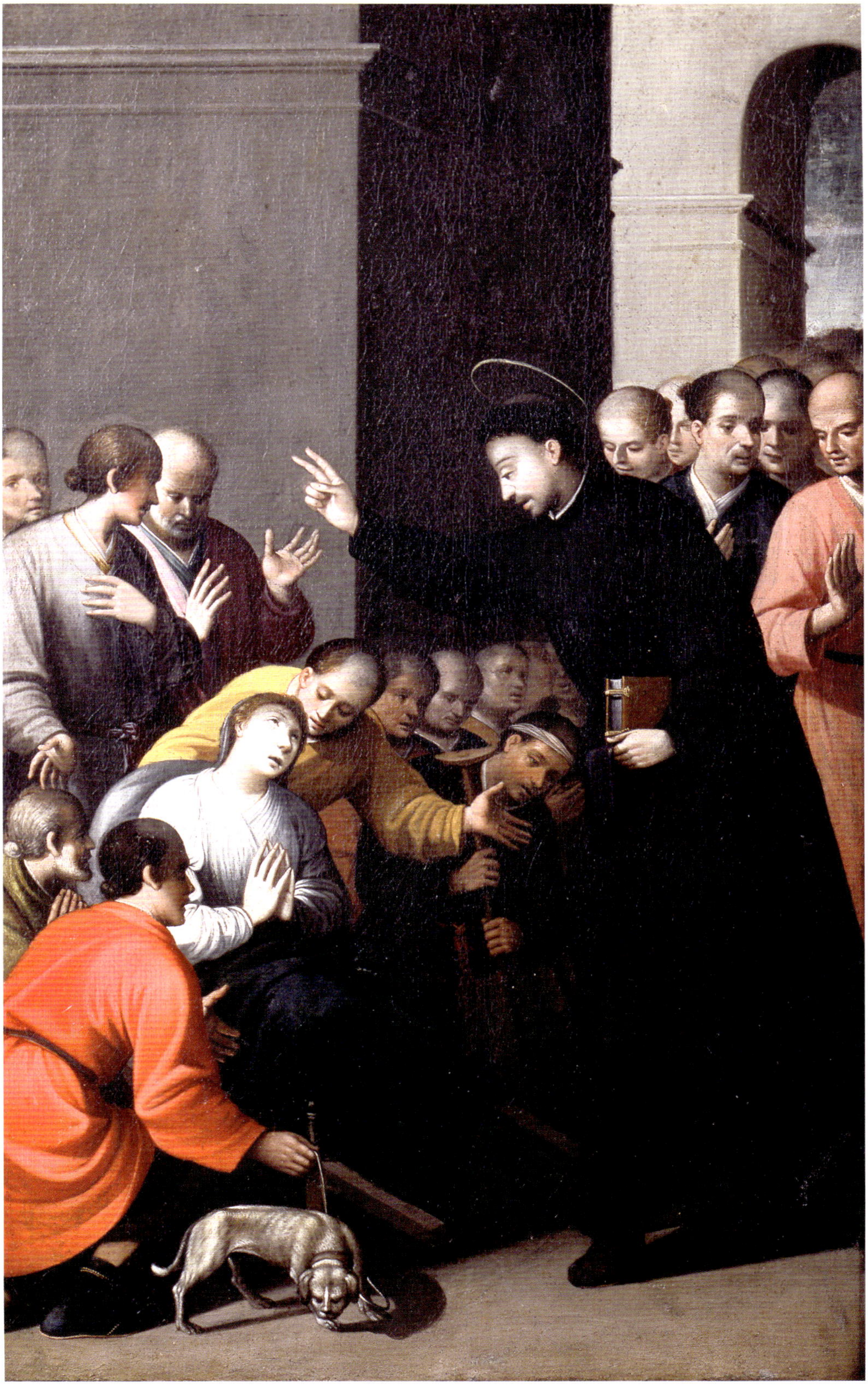

18「嵐の中を航行中の船上で祈りをささげるザビエル」
カンヴァス・油彩　縦104cm×横157cm

一五四九年八月から一五五一年十一月までの日本滞在を終え、ザビエルは一度インドに戻る。そして次なる布教対象を中国に求め、一五五二年四月にゴアを出帆、八月末に中国広東の上川島に到達した。18は、その間の苦難の航海を示す画像である。

航行中の船が嵐に巻き込まれ、帆は破れ、帆柱も壊れてしまっている。水夫たちが慌てて帆をたたみ、乗船客が驚き、悲観するなかで、ザビエルは祈りをささげている。当時の遠洋航海の壮絶さを物語る画像といえる。

　中国の上川島（**図9**）は、マカオの南西数十キロに浮かぶ小島である。海禁政策をとる中国に対し、ザビエルはこの島を拠点に中国本土上陸を画策《かくさく》するが、実現することなく、一五五二年十一月二十一日の朝、ついに高熱に倒れた。

19は、上川島の粗末な漁師小屋にもたれかかるザビエルが、十字架を握りしめて天を仰ぎ、彼方に浮かぶポルトガル船を瞑想しながら最期《さいご》の時を迎える場面である。

　一五五二年十二月三日の夜明け前、ザビエルは四十六歳で亡くなった。

図9　上川島とザビエル教会（中国広東省）

19　**「中国上川島の漁師小屋で瞑想しながら最期の時を迎えるザビエル」**
カンヴァス・油彩　縦90㎝×横67㎝

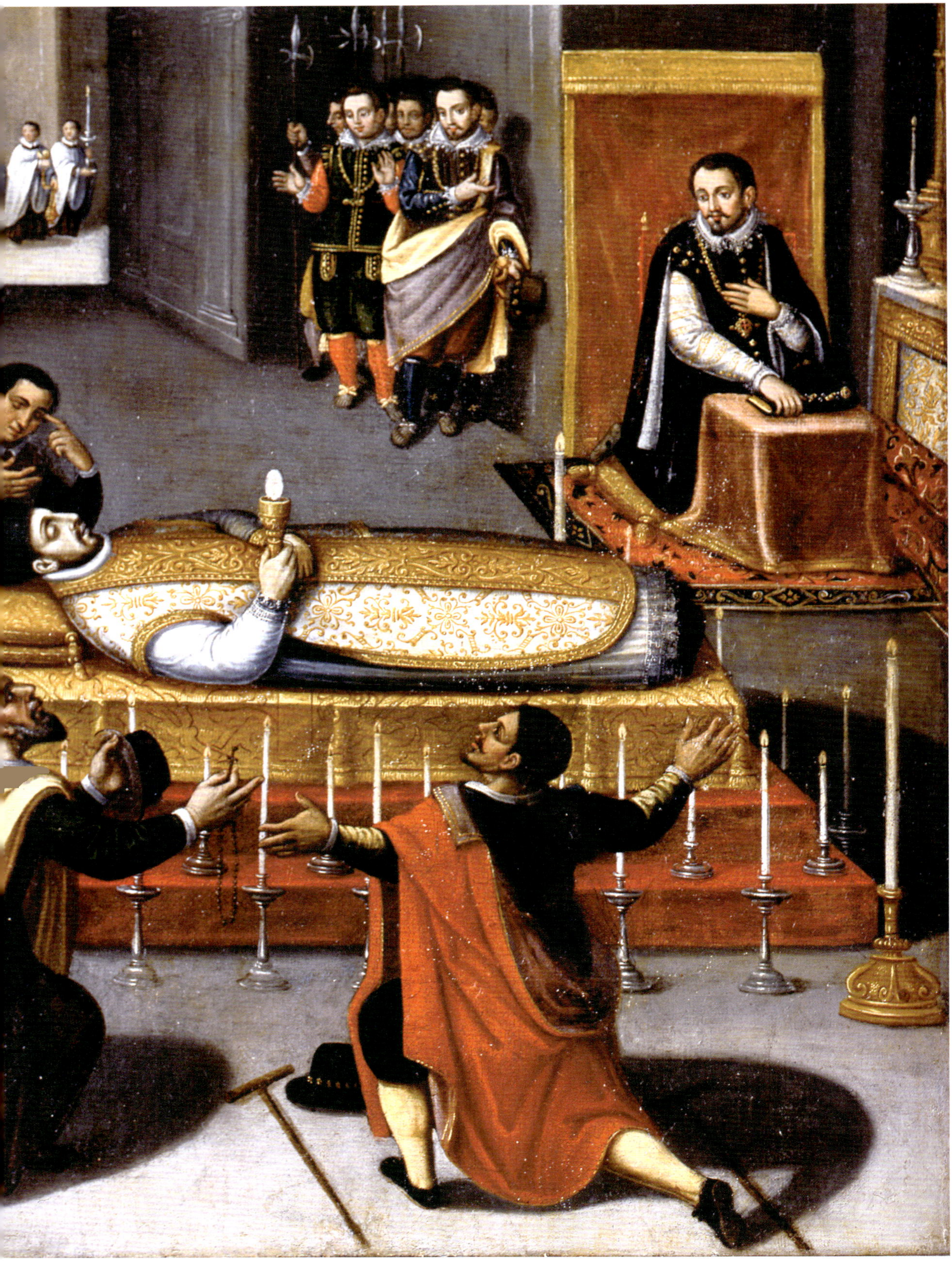

ザビエルの亡《な》きがらは、当初中国の上川島に埋葬され、その後マラッカに移送されるが、遺体の腐敗が全く進んでいないことから、翌一五五三年にインドのゴアに再び移送された（**図10**）。

20（最終図）は、ゴアの聖パウロ学院に遺体が到着した場面である。教会の聖職者が後方にひかえ、枕元で人々がその死を嘆き悲しむなか、画面手前では、インド総督アルフォンソ・デ・ノローニャが両手を広げて亡きがらを迎えている。

図10　ザビエルの遺体（ゴアのボン・ジェズ教会、インド）

20「ゴアの聖パウロ学院に到着したザビエルの遺体」
カンヴァス・油彩　縦90㎝×横83㎝

没後七十年経った一六二二年、ザビエルは、ローマ教皇の勅書によって聖人に列せられた。当時、リスボンでは盛大な祝賀行事が行われ、インドと東南アジア、そして日本でキリスト教を広めた宣教師の模範的存在として、ザビエルは「東洋の使徒《しと》」と呼ばれるようになったのである。

没後の十七世紀初頭に新しく生まれた一種の「ザビエル崇拝」の気運のなか、ヨーロッパではやがて聖人ザビエルの生涯が伝説化されていく。その過程でイエズス会は、漠然とした口伝《くでん》ではなく、一般の信者でも理解しやすくするために、当時の芸術家を取り込んで、ザビエルの足跡《そくせき》を絵画や版画、彫刻等の手法で表現していったのである。日本やインドをはじめ、現在でも世界の各地に残されているザビエルを描いた様々な種類の肖像画や版画は、そうした聖人の伝説化の過程で、十六・十七世紀のポルトガル・スペイン文化圏に広まった宗教芸術遺産といえよう。

図11　ボン・ジェズ教会（インドのゴア）

一方、ザビエルの遺体はその後もゴアの教会を転遷し、一六二四年からはボン・ジェズ教会（**図11**）のサイドチャペルに安置されている。死後四〇〇年以上経過したその遺体（**図10**）は、さすがにミイラ化して傷《いた》んできたが、アジアの土を踏んだ両足と、人々を教え諭《さと》した左腕の五本の指、そして厳《おごそ》かな尊顔《そんがん》は、今も祭服の脇からはっきりと拝むことができ、十年に一度の一般公開も行われている。

参考文献

Vitor Serrão, *The legend of Saint Francis Xavier by the painter André Reinoso*, Lisboa: Bertrand Editora, 2006.

鹿毛敏夫「ドイツ・ポルトガルに現存する戦国大名絵画史料」（中島楽章編『南蛮・紅毛・唐人——十六・十七世紀の東アジア海域——』思文閣出版、二〇一三年）

日埜博司・内藤理佳訳「ポルトガルにおける聖フランシスコ・ザビエルの美術的図像表現」（『大ザビエル展』東武美術館・朝日新聞社、一九九九年。のち改稿して『流通経済大学流通情報学部紀要』八（一）、二〇〇三年に所収。原典は、Vitor Serrão, *A Iconografia Artística de São Francisco Xavier em Portugal*）

サン・ロケ教会所蔵「フランシスコ・ザビエルの生涯」連作の絵画様式

木村三郎

一、サン・ロケ教会に掛けられている、アンドレ・レイノーゾとその工房が描いた「ザビエル伝」連作

聖フランシスコ・ザビエルの肖像は、版画の作例が多く残されている（木村二〇〇七）。しかし、その生涯を描いた版画や絵画は少ない。その意味で、本連作は貴重な歴史的意味を持っている。本稿は、レイノーゾが描いたこの連作の中から、その制作過程が推定できる作品を一点選び、歴史的な背景を考え、とりわけ様式的な観点から若干の分析を行いたいと思う。

ところで、画家レイノーゾの生涯については多くのことは知られていないが、S・ロドリゲスに学び、一六二三年には、ポルトガルで最良の宗教画を描く画家に認定されている。

図1（本書44頁、18）は、その連作の中の一点で、「嵐の中を航行中の船上で祈りをささげるザビエル」である。画面の中では、激しい風雨に見舞われた海上の帆船が、今にも沈没しそうな状況である。帆は大きく膨らみ、その真下にいる聖フランシスコ・ザビエルは、空を見上げて両手を合わせ、神に救済と奇跡を祈っている。その周りを七人の人物が取り囲み、皆、不安と絶望の中にいる。船上の左手にいる人物たちも、必死に、風になぶられる帆柱にしがみついている。画面左には、大波が荒れ狂い、小舟に移った人物たちは、今にも波に飲み込まれそうである。画面の色彩は、風をはらんだ、明るい帆の部分が際立ち、その下に、主人公のザビエルをおき、海の状況は、はっきりとした明暗対比を意識した描写となっている。

● 先行研究――セビーリャ派の影響下にある多人数構図の中の聖人の描写――

この連作については、セランが研究書（Serrão, 1993; 2006）を刊行している。その中で、著者は、版画家P・トマソンによる版画群の影響を指摘している。一方で、一六一九年に描かれたこの作品群に影響を与えた複数の画家名を挙げている。たとえば、**図2**に示した、画家ロエラスも指摘されている。主題は、聖人の殉教を描いたものであるが、そこには、すこぶる多数の人物が認められる。殉教という主題を描くために画面の上部、下部に無数の人物を挿入している。

この作品は無論、異なった聖人伝の中の一つの場面である。しかし、セビーリャ派の手になる、一六一二年制作のこの作例は、磔刑《たっけい》上の聖アンデレだけをクローズ・アップするのではなく、あえて、

図1　A・レイノーゾとその工房「フランシスコ・ザビエルの生涯」18「嵐の中を航行中の船上で祈りをささげるザビエル」
1619年　画布・油彩　104×157cm（サン・ロケ教会蔵、リスボン）

図2　J・デ・ラ・ロエラス「聖アンデレの殉教」1612年頃　画布・油彩（セビーリャ美術館蔵、セビーリャ）

物語に関わる多人数の構図として描きだしている。こうした着想が、**図1**の多人数構図へ影響を与えたことはありえよう。

二、フランドルの絵画と版画とその影響

●聖人図像を描く物語表現

図3は、フランドルの十五世紀末の画家、メムリンクの作品である。ここに描かれた情景は、聖フランシスコ・ザビエルではなく、聖女ウルスラにまつわる絵画である。現在、ベルギーのブルッヘにあるメムリンク美術館に収蔵されている、「聖ウルスラ伝の聖遺物箱」の壁面を飾る複数の画面の中の一点である。主人公は、初期キリスト教時代のある時期に、ローマへの巡礼の帰途、一万一〇〇〇人の仲間の娘たちとともにケルンで虐殺されて死んだ。画面右に、フン族から殺されるウルスラの場面が描かれている。その左には、帆を上げた船上の逸話が描かれている。この作品は、遺物箱の側面に油彩で描かれたものである。

何故、ここでこのような作例を引用するかは、ポルトガルの美術がフランドルの美術から強い影響を受けていたからである。**図1**の作品は、厳密にはこれも異なった主題のものであり、直接には、影響関係は認められない。しかしながら、中世以降の大西洋岸における美術史の場合、ブルッヘとリスボンの間の舟運の存在と人の往来とを考えると、こうしたフランドル十五世紀末の傑作が、リスボン在住の画家に影響を与えた可能性は否定できない。こうした事実は、この国の美術史の概要を伝えるリスボンの国立美術館における展示の中にも容易に確認できる。たとえば、フランドルの画家ブリューゲルの作品自体が展示されているだけでなく、ファン・アイクをはじめとする、油彩の最先端技術を誇っていたフランドルから、人とともに技術が流入したのである。レイノーゾの生きた十七世紀初頭でも、たとえば、アントワープの大版画工房プランタンを中心とした場で、**図3**の複製版画が作成され、リスボンに流入していたという一般的な事実は、西洋におけるこの時代の版画史の常識だからである。レイノーゾのアトリエには、そうした、聖人伝のイメージ資料が少なからずあったと思われる。異なった主題であれ、帆を上げた船上にいる聖人の生涯の一情景がこの画家の視野に入っていたことが考えられる。

図3　H・メムリンク「聖ウルスラの殉教」　1489年以前　油彩・板　（メムリンク美術館蔵、ブルッヘ（「聖ウルスラ伝の聖遺物箱」から））

●旧約図像を描く物語表現

図4は、これも海上にあって帆を上げている船の情景を描いた作例である。荒れ狂う海の上で、多数の人物たちが、今にも沈没しそうな船の上にいて、そこからは悲鳴と怒声が聞こえて来る。帆柱は倒れ、帆もちぎれんばかりの悲惨な情景である。画面手前には、大きな魚がいて、船上の惨状を見やっている。主題は、旧約聖書の「ヨナ書」からの話である。異教徒改宗のつとめを怠ったヨナは神の怒りにふれ、乗った船が暴風雨にあう。ヨナは海中に投げ出され、「大きな魚」に飲み込まれる。やがて、腹中で悔悛《かいしゅん》したヨナは、三日後、無傷で吐き出された。十六世紀末から十七世紀初頭にかけて、ヨーロッパにおけるイエズス会美術に強い影響力を持った作家であるM・ド・フォス（素描）とA・ヴィーリクス（版刻）の作例である。掌にのる、ごく小型の版画である。ヴィーリクスの版画が我が国にまで届いて南蛮美術の発生の大きな誘因になったことはよく知られている（木村二〇〇七）。その事実から考えると、「ヨナ」の物語の中の一情景である、暴風雨の中の海上の帆船を描いた、**図4**のような小型の判型の版画が、やはり、レイノーゾのアトリエにあったことは十分に想定できる。

図4　M・ド・フォス（素描）　A・ヴィーリクス（版刻）「海に投げ出されるヨナ」「ヨナ書」から　版画　10.8×9 cm

三、イタリア画家カラヴァッジオの絵画とその影響

　しかしながら、ここで、少し違った視点から考察を加えたいと思う。同じように風雨に翻弄《ほんろう》される帆船という、**図1**と、**図4**を比較すると、**図1**で目立つことは、帆の表現である。風をはらんで大きく膨らんでいるだけでなく、海面の黒ずんだ色彩に対してコントラストを強調した明るい色を使っている。いわゆるテネブリズムの表現である。**図4**も、激しく揺れ動くモチーフの間の明暗の違いは認められるが、版画という事情もあって、単色の中だけの違いである。レイノーゾが、光を帆に当てることでこの画面のドラマ性を際立たせていることに間違いない。この手法を、どこから学んだのか、と考えると、十七世紀初頭の場合、フランドルではなく、イタリアの画家カラヴァッジオ（一五七一～一六一〇）の手法に負っていると考えるのが自然である。ローマを中心に誕生した、バロック絵画の基本的な造形文法を、ポルトガル在住の画家が何らかの方法で学んだというべきであろう。カラヴァッジオ、あるいは、その周辺で燃えさかるように流行した、カラヴァッジオ派（カラヴァッジェスキの画家たち）の何らかの作品が、ローマから、リスボンへもたらされたという着想は、これも舟運を考えれば、無理な想定とはいえない。リスボンより北の、アムステルダム在住のレンブラントにも、その聖書の主題を描いた物語表現に、しばしばカラヴァッジオの明暗表現の色濃い影響が認められることは古くから指摘されているからである。

　ポルトガルでも、十六世紀に、ヨーロッパで広く流行した国際性を持ったマニエリスム的な表現が好まれた。難解な寓意《ぐうい》を好み、限られた人間関係の中だけでしかわかり得ない、いわば業界用語を使った造形文法で絵画を描く時代の趣味である。しかし、**図1**では、そうした傾向は払拭《ふっしょく》されていて、ザビエルの伝記にある、特定の場面の物語内容を描くために、主人公にスポット・ライトを当て、話の核がどの人物にあるのかを明示している。分かりやすさを重要視した、いわゆる自然主義と呼ばれる方法である。「プロト・バロック」という言葉で呼ばれる十七世紀初頭の趣味である。

　サン・ロケ教会に掛けられている連作が全て、今述べたような、カラヴァッジオ風テネブリズムの方法に従っているわけではない。しかし、もう一点、**図5**に示した、「インドのゴアで民衆に説教をするザビエル」（本書18頁、**5**）は、一五四二年五月六日に到着した

図5　A・レイノーゾ「フランシスコ・ザビエルの生涯」5「インドのゴアで民衆に説教をするザビエル」　1619年　画布・油彩　104×165cm　（サン・ロケ教会蔵、リスボン）

インドのゴアにあった聖パウロ教会での布教を描いている。画面左下にだけ明るい衣装の座った人物を置き、他は、主人公の布教するザビエル自身も暗い中に描き込み、やはり光と闇のドラマとしている。ザビエルの生涯という物語性の高い表現に、ドラマティックな舞台効果を狙った制作上の工夫の一端であろう。

参考文献

I　ポルトガル美術史について

○基本的な事典

Pamplona, F.de, *Dicionário de pintores e escultores portugueses ou que trabalharam em Portugal*, Civilização, 5 vols., 2000.

○美術史概説

Kubler, G. and Soria, M., *Art and Architecture in Spain and Portugal and their American Dominions 1500 to 1800*, Penguin Books, Coll. The Pelican History of Art, 1959.

Smith, R. C., *The Art of Portugal, 1500-1800*, Weidenfeld and Nicolson, 1968.

○レイノーゾについて

Serrão, V., *A lenda de São Francisco Xavier pelo pintor André Reinoso*[...], Santa Casa de Misericórdia de Lisboa, 1993.

Serrão, V., *The Legend of Saint Francis Xavier by the Painter André Reinoso*[...], Santa Casa da Misericórdia de Lisboa, transl. by H. Leuchner, (1993) 2006.

○日本語で書かれたポルトガル十六～十七世紀の画家研究

一瀬あゆみ「グレゴーリオ・ロペス帰属《受胎告知》について――ポルトガル十六―十七世紀における受胎告知画の図像伝統から――」（『芸術学研究科博士前期課程・修士論文・作品・制作・概要集二〇〇三』日本大学大学院、二〇〇四年）一〇七―一四三頁

Ⅱ　関連文献

○メムリンクについて

Faggin, G. T., *Tout l'œuvre peint de Memling*, trad. par A. Veinstein, Coll. Les Classiques de l'art, Flammarion, no.15, 1973, pp. 90-92.

高橋達史「聖ウルスラの聖遺物箱」(『名画への旅九 北方に花ひらく――北方ルネサンスⅠ――』講談社、一九九三年)一〇〇―一一五頁

De Vos, D., *Hans Memling : The Complete Works*, tra.by T. Alkins, Ludion Press, 1994, pp. 296-303.

○ヴィーリクスについて

Mauquoy-Hendrickx, M., *Les estampes des Wierix*, Bibliothèque royale Albert Ier, 4 vols., 1978-83 ; I (1978), II (1979), III (1:1982 ; 2:1983).

○カラヴァッジオのヨーロッパへの影響について

Nicolson, B., *Caravaggism in Europe*, U. Allemandi, 3 vols., 1989.

○バロック美術とイエズス会の関係について

木村三郎『ニコラ・プッサンとイエズス会図像の研究』(中央公論美術出版、二〇〇七年)

図版出典

図2　http://www.wga.hu/frames-e.html?/html/r/roelas/(二〇一六年十一月二十五日アクセス)

図3　『名画への旅九 北方に花ひらく――北方ルネサンスⅠ――』(講談社、一九九三年)

図4　*The New Hollstein Dutch & Flemish Etchings, Engravings and Woodcuts 1450 – 1700*, sound vision publishers, Rotterdam, 2004.

II

考察編

Ⅱ-1 ザビエル研究の新視点
――枠組みとしての三資格――

岸野 久

はじめに

ザビエル研究に志して三十有余年、昨年『ザビエルと東アジア――パイオニアとしての任務と軌跡――』（吉川弘文館、二〇一五年）を出版した。これまでの研究を通して分かったことは、当然のことながら、ザビエルのような宗教家を研究対象とする場合、どのようなスタンス（姿勢、見方）をとるかが決定的な意味を持つということである。私は当初より「十六世紀の現実に生きる宣教師としての人間ザビエルを歴史学の立場から明らかにすること」を目標としてきた。この姿勢を貫いてきたからこそ、伝統的なザビエル研究にめげず、これまで研究を続けてこられたように思う。とは言え、長い間ザビエルを具体的にどのような枠組みでとらえるか、よく分からないままであったが、近年になり、ようやく自分なりに把握できるようになった。ここではその枠組み――その一つとして資格――がいかなるものか、それをもとに来日したザビエルをどのようにとらえるか、述べてみたい。私が枠組みを重視するのは、ザビエルと彼の活動を理解するための基と考えるからである。

一、研究史

●ザビエルの略歴

まずフランシスコ・ザビエルの略歴を述べる。彼は一五〇六年スペインの北部、フランスと国境を接するナバラ王国（現ナバラ自治州）のザビエルで生まれた。両親ともにバスク人の貴族で、父親は同国の宰相であった。一五一二年ザビエル六歳の時、ナバラ王国はカスティーリャに併合された。一五二五年、十九歳の時、フランスに留学し、パリ大学で修士号をとり、同地で同じバスク人のイグナティウス・デ・ロヨラと出会い、やがて一五三四年ロヨラを中心とした七名の同志とともに新修道会イエズス会を結成した。後に同修道会はマルティン・ルターの宗教改革によって打撃を受けたカトリック教会の立て直しにあたり、そのリーダーとして大いに貢献することになる。一五四一年ザビエルはポルトガル国王ジョアン三世の要請を受けアジアへ派遣された（図1、本書14頁、3）。一五四二年からインド半島、セイロン、モルッカ諸島など六〜七年間布教し、一五四七年十二月日本人アンジロー（ヤジローとも）とたまたま出会ったことをきっかけに一五四九年八月来日し、二年三ヶ月滞在し、その後中国布教を目指したが、一五五二年十二月三日中国大陸を目前に上川島《サンチョアン》で亡くなった。そ

図1　アンドレ・レイノーゾ「フランシスコ・ザビエルの生涯」3「インド宣教への船出を前にポルトガル国王ジョアン3世に暇乞いをするザビエル」（部分）（サン・ロケ教会蔵、リスボン）

の七十年後、一六二二年列聖され、聖人として崇敬されることになった。十二月三日の命日（祝日）には世界中のカトリック教会で特別な祈りが捧《ささ》げられている。なお、聖人とは信仰のために生命を捧げたり、あるいは信者の模範となるような生活を送った人で、信者がお祈りをする時に神と人間との間にあって、お祈りを取り次ぎ、援助してくれる存在である。教会では信者の姿勢として、神に対しては「崇拝」、聖人に対しては「崇敬」と区別をしているが、民衆のレベルでは神ならぬ聖人をお祈りの対象としているようである。

● 伝統的ザビエル研究

ザビエルは生前より「パードレ・サント」（聖なる神父）と称され、さらに上川島での急死と遺体に生じた奇跡（腐敗しなかった）により、崇敬の念が高まり、早くも一五五六年ポルトガル国王ジョアン三世は、ザビエル関係の資料の収集を命じている。没後約三十年してフランシスコ・ペレスは一五七九年、最初のザビエル伝「インドにおけるイエズス会の起原に関するパードレ・フランシスコ・ペレスの報告」を記した。翌八〇年マヌエル・テイシェイラは「至福なイエズス会士パードレ・フランシスコ・ザビエルの生涯」を記した。ともに生前のザビエルを知る同僚や部下の伝記である。これらをもとにアジアへ巡察師として派遣されたアレッサンドロ・ヴァリニャーノは、一五八三年『東インディアにおけるイエズス会の起原と進歩の歴史』を記し、その第一部をザビエルの生涯にあてた。以後ザビエル研究は主としてイエズス会士によって行われてきた。この伝統を引き継いだのがゲオルク・シュールハンマー師（一八八二〜一九七一）である。同師は八十九歳で亡くなるまで、生涯の大半をローマのイエズス会本部の建物に住み、ザビエル研究に専念された。同所にはザビエル書翰の原文はもとより、最良にして最多のイエズス会文書を所蔵するローマ・イエズス会文書館、世界中のザビエル関係文献を集めた付属図書館が併設されている。

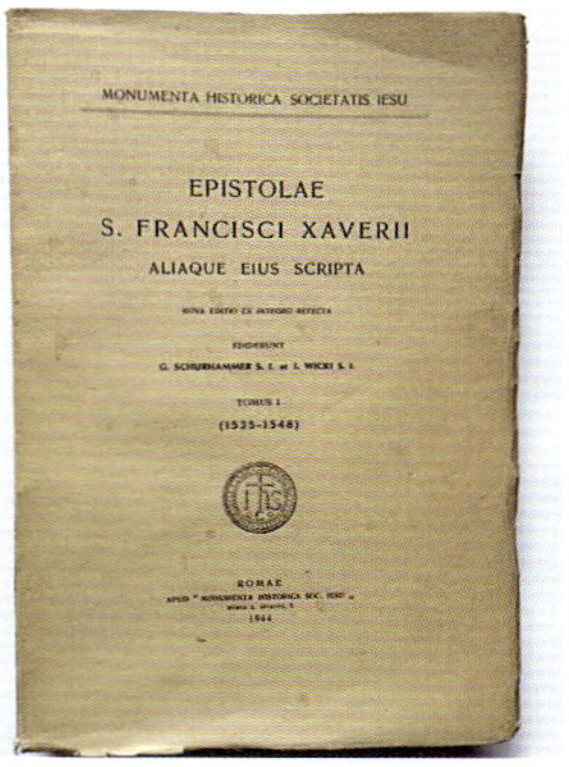

図2　G・シュールハンマー、J.・ヴィッキ共編『聖フランシスコ・ザビエル書翰集』第1巻の表紙

図3　G・シュールハンマー『フランシスコ・ザビエル――彼の生涯とその時代――』全4巻及び『著作集』全5巻

同師のザビエル関連の著作は次のとおりである。

（一）『聖フランシスコ・ザビエル書翰集』全二巻、ローマ、一九四四〜一九四五年（図2）

（二）『著作集』全五巻、ローマ、一九六二〜一九六五年

Ⅰ史料部（一九六二年）

Ⅱ東洋部（一九六三年）

Ⅲザビエル部（一九六四年）

Ⅳ雑部(1)・索引(2)（一九六五年）

（三）『フランシスコ・ザビエル――彼の生涯とその時代――』全四巻、フライブルク、一九五五〜一九七三年（図3）

同師の研究は徹底的かつ組織的である。まず、関係史料（六二三六点）の調査を行い、「史料目録」を刊行（『著作集Ⅰ』に所収）、つぎに研究の基となるザビエル書翰の決定版『聖フランシスコ・ザビエル書翰集』全二巻を刊行、これらと併行してザビエルとその周辺の研究を行いつつ（東洋関係は『著作集Ⅱ』、ザビエル関係は『著作集Ⅲ』に所収）、主著『フランシスコ・ザビエル――彼の生涯とその時代――』（以下、『フランシスコ・ザビエル』）を刊行した。

これらの業績は三五〇年余りの伝統を持つザビエル研究を学問的レベルに高め、集大成したと評価することができる。

二、ザビエルをとらえる新しい枠組み

●シュールハンマーの研究

確かにシュールハンマー師の研究は偉大であるが、ザビエル書翰（大部分がポルトガル語とスペイン語で書かれている）を徹底的に読むことによっていろいろな問題点が明らかになって来る。前述の『ザビエル書翰集』二巻（全一三七通）を通読すると、ザビエルの全活動が分かり、その活動の多彩さと行動のあり方に驚かされる。すなわち、アジアでの活動の速さと多さと範囲の広さ、他修道会士との協働、ポルトガル人への精神的指導、ポルトガル国王への政治・外交面における提言、植民地在住のポルトガル人の功績評価と国王への推薦など、ポルトガル人やポルトガル国家のために精力的に活動していることである。このような問題をシュールハンマー師の『著作集』や『フランシスコ・ザビエル』にあたっても、全く問題とされていなかったり、扱われていたとしても納得のいくような説明がなされていない。そして分かったことは、完璧といわれている同師の研究も、ザビエル書翰

に記されている彼の活動をまんべんなく扱っているわけではなく、彼の主たる活動である異教徒改宗に焦点を当てて論じていることとである。このことは当然なことであって、同師も自らの考え＝歴史観（過去に何を問いかけるか）に従って問題を設定し、史料を取捨選択し、解釈し記述しているからである。そもそも同師の研究の目的は、カトリック教会の布教史の一コマとして、ザビエルの生涯を明らかにし記述することである。そして、そこでのザビエルに対するスタンスは一六二二年に列聖され、後にカトリック布教の保護聖人とされた、ザビエルを大前提としていることである。私が関心を持った前述のザビエルの諸活動は同師の研究のスタンスから外れているので関心外にあったわけである。しかし、このようなことに気づいていても長い間ザビエルの新たなとらえ方を見出せずにいたが、その転機となったのが、イエズス会士フアン・アントニオ・エグーレン師の「東インディアのザビエル――その布教活動の法的諸相――」（一九四九年）である。

● エグーレン師の研究

エグーレン師の論文はザビエル来日四〇〇年を記念し、今から六十年ほど前に出版されたが、少数の者を除き、ほとんど忘れられた存在であった。本論文の画期的なところはザビエルを三つの資格、すなわち、

①イエズス会上長
②教皇大使《ヌンシオ》
③国王巡察使《ビシタドル・レヒオ》

においてとらえていることである。これをヒントに、それぞれの資格の主たる任務や特徴を、ザビエル書翰をもとに私なりにまとめると、

①はイエズス会インド布教区の上長で、異教徒改宗を主として、新改宗者の教育、ポルトガル人の司牧などの任務、②はローマ教皇の代理、外交的働き、任地のカトリック教会全体の管理、監督にあたる任務、③はポルトガルのアジア植民地を巡り、布教と関わる、インド総督（副王）の統治・外交をチェックし問題点の指摘と改善策の進言、またポルトガル人の生活態度・勤務ぶり、国王への奉仕・忠誠度を国王に報告、推薦する任務となる。

これらの三資格と任務を前提にすると、前述したザビエル書翰において理解しがたかったザビエルの活動が②教皇大使や③国王巡察使に関わるものであることが分かる。これら①〜③の資格（これに伴う任務を含む）は、ザビエル書翰に記されている全活動を理解するのに有効である、と考える。

つぎにこの枠組みを前提に、日本におけるザビエルについて考える。具体的にいえば、来日したザビエルは従来の研究のように、単なるイエズス会の宣教師（先の①のみ）なのか、あるいは別の資格も有していたのか、ということである。このことはザビエルの日本での活動を考える際の基である、と考える。

三、ザビエルの来日

● 大内義隆との謁見

ザビエル日本滞在中（一五四九年八月〜一五五一年十一月）のハイライトは一五五一年四月山口の領主大内義隆《よしたか》との謁見《えっけん》であろう。この謁見の成功によって布教許可が得られ、一寺院が提供され（図4、本書40頁、16）、山口での受洗者が約五〇〇名に上り、キリスト教が本格的に日本社会に進出する

図4　アンドレ・レイノーゾとその工房「フランシスコ・ザビエルの生涯」16「山口の寺院（のちの教会「大道寺」）で僧侶と討論するザビエル」（部分）（サン・ロケ教会蔵、リスボン）

端緒となったからである。ところで、この謁見の際、彼はいかなる資格で義隆に臨んだのであろうか。ザビエル書翰（一五五二年一月二十七日付コーチン発ヨーロッパのイエズス会員宛）には「私たちは再び山口に戻り、山口の公爵（大内義隆）に、携えて来た総督と司教の書状cartasおよび友情の印として彼に送られた贈り物を捧げました。この公爵は贈り物も書状もとても喜びました」とあり、彼の資格は記されていない。この点に関してシュールハンマー師は『フランシスコ・ザビエル』において「インド総督の使節」とされている。この説は検証されることもなく、また同説に代わる有力な説もなく、内外において通説化して今日に至っている。同師の説については、後に検討する。

●謁見に関するヴァリニャーノの記述

ザビエルの二回にわたる山口滞在に関する根本史料はヴァリニャーノ『東インディアにおけるイエズス会の起原と進歩の歴史』（一五八三年）の記述である。長文であるが関連部分を訳出する。

> ［ザビエルが］経験を通して知ったことは、とても粗末で破れた服装をすることや［この世を］とても軽んずる態度は日本において神の栄光のために行おうとしたことに助けとなるどころか、かえって妨げとなっていたことである。というのは、日本人はとても儀礼的で、外見の華麗さに慣れており、［キリスト教の］謙虚さやそれと類似の禁欲的態度を知らなかったからである。それ故、彼はそれ以降［今までとは］別の服装をして、異なる振る舞いをしようと決め、こうすることによって真の自己卑下を示そうとした。そしてこのことが神の栄光のために為される限り、同時代の人々から敬意を持たれようと蔑まれようと［問題に］しないようにした。かくして［パードレ達は］より上等なmejor服装をして、二、三人の従者を連れ、直ちに副王（正しくは総督）及び司教の書翰と贈り物を持って山口へ戻った。彼らはとてもよい十三の品々を携えて行った。それらの中にはクラビコルディオ（鍵盤楽器）一台、時計一台、ポルトガルの布地数枚、ポルトガルのぶどう酒やその他その時まであの土地で決して見たこともないような品々があった。パードレ（ザビエル）はそれらの全ての贈り物を書翰とともにその王（大内義隆）に献げた。彼はパードレ達が別の服装otro trageをして、とても珍しい価値ある、沢山の贈り物を持って来たのを見て、その贈り物に満悦の表情を示した。そして部下

達に対し、パードレ達がそれまでに持たれていた以上の敬意を払うべき人々であることを知らせた。そして初回よりもいっそう敬意を持って彼らを待遇し、彼らが神の法を宣べ伝えて彼の地に留まりたいということを［義隆が］知って、居住用に一軒のボンゾbonzosの家――寺院Valeraと呼ばれていた――を与えるように命じ、それとともに［布教］許可――板に書かせ、道々で公表させる――を彼らに与えた。そこにはあの町や全ての彼の領国で布教し、各自の意志に従って望む者は誰でも信仰することができ、さらに何人たりとも神の法を説くパードレ達に決して害を加えないように命じた。かくして彼らはあの地でいっそうの信用を獲得し始めた（Valignano 1944）。

この記述を理解するためにザビエルの日本での行程と二回の山口滞在の期日を示しておくと、

鹿児島――平戸――①山口（一五五〇年十一月〜十二月）――京都――平戸――②山口（一五五一年四月〜九月）――豊後――インド

となる。これらの滞在について、ヴァリニャーノの記述の概要をまとめると、

（1）第一次山口滞在のとき、ザビエルは義隆と会ったが、彼の服装や振る舞いが原因で冷遇されたこと

（2）日本では外見上の見栄えや礼儀やしきたりが重視されること

（3）第二次山口滞在では（1）（2）をふまえ、「別の」「より上等な服装」を身につけ、二〜三名の従者を連れ、インド総督・ゴア司教の書状および十三種の珍奇な贈り物を持参し、布教許可、一寺院が与えられたこと

となる。

● 謁見時の服装・行動様式

以上をもとに二回の山口滞在時の服装と行動様式について述べる。まず服装であるが、第一次滞在の時、ザビエルは「とても粗末で破れた服装」をしていた、とある。これは清貧《せいひん》を旨とするイエズス会の規則により、インドにいた時と同様に、木綿の質素な服装であった、と思われる。これが破れたり、ほつれたりして貧相な身なりであったことを示している。つぎに行動様式であるが、ザビエルはこれまでと同じやり方で、一介の宣教師として、この世の価値をさげすみ、禁欲的で控え目で、へり下った態度をとったが、このようなキリスト教的美徳は日本社会で通用せず、彼らの教えも正しく評価されなかった。というのは、日本社会では高僧は教えの権威と自らの威厳を保つために絢爛豪華《けんらんごうか》な服装を身につけ、さまざまな儀式を行い、日本の民衆もそれを当然のことと見なしていたからである。そこで、ザビエルは次回の謁見のスタイルを「一介の宣教師」から「高位聖職者」へと変更しようとしたのである。

第二次山口滞在時は、今までの経験をもとに以前の「とても粗末で破れた服装」から「別の」「より上等な」服装に替えた。ヴァリニャーノは「別の」という単語をくりかえしており、ザビエルの服装にこだわっていることが分かる。この服装がいかなるものか具体的に記されていないが、フロイスによれば「緞子《どんす》の祭服」を携えた、とあり、さらに義隆はその豪華さに感嘆した、とあり（松田毅一他訳注『フロイス日本史六』）、絹製の、権威と格式のある高位聖

職者用の服装であったと思われる。

　つぎに行動様式であるが、ザビエルは日本社会で受け容れられるため、インド以来の方針を転換し、日本社会に順応することにした。前述の記述に「［今までとは］別の服装をして、異なる振る舞いをしようと決め」とある。すなわち、日本の高僧に倣《なら》い、位や権威を前面に押し出し、高僧と比べても遜色《そんしょく》ない高位聖職者として振る舞うことにして、二～三名の従者を従え、日本人が初めて目にするような珍奇な十三種の贈り物、そして彩色された羊皮紙に記されたインド総督とゴア司教の書状を持参したのである。

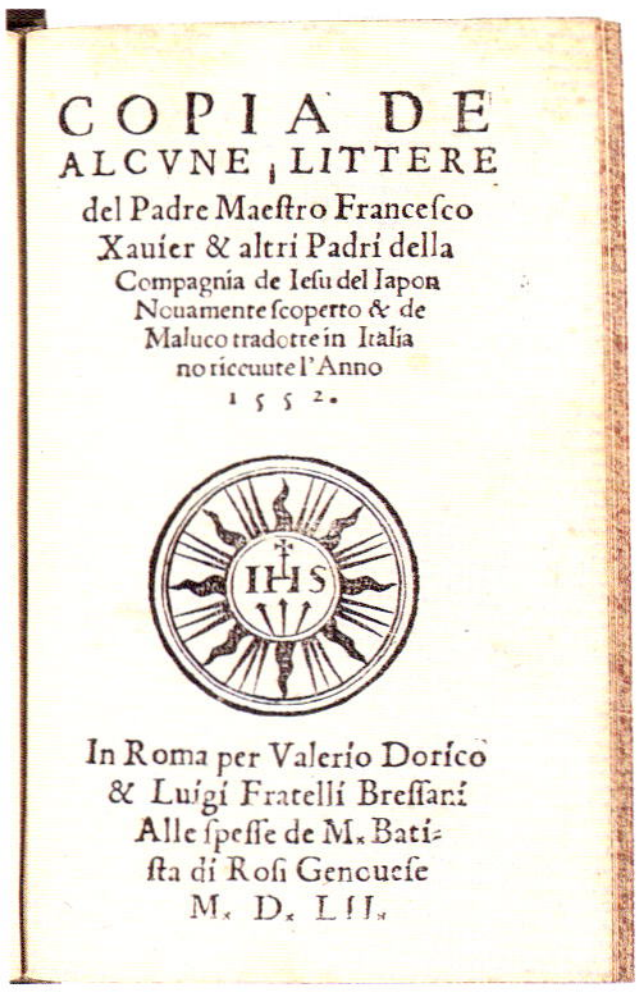

図5　1549年11月5日付鹿児島発ザビエル書翰、いわゆる「大書翰」の最初の活字版（イタリア語訳1552年刊）（上智大学キリシタン文庫蔵）

● 謁見時の資格

　まず、ゴア司教の書状から彼の資格を明らかにする。その前提としてゴア司教とザビエルとの関連を述べておく。ザビエルは一五四一年四月リスボンを出発する際、ポルトガル国王ジョアン三世と謁見し、その時国王からローマ教皇パウロ三世の小勅書を手渡された。ここには「当文書をもってあなた方のそれぞれを教皇大使に任命し、できるだけ早く前述の島々、地方、村々へ行くことを命ずる」とあり、ザビエルが教皇大使に任命されていることが分かる。ポルトガル国王はザビエルにこの小勅書を自ら手渡すことによって教皇大使ザビエルを承認し、アジアへ派遣した。ザビエルは翌四二年五月ゴアに到着し、ただちにゴア司教を公式訪問し、さきの教皇小勅書を提出して、教皇大使としてアジアで活動することを許された。これ以後ザビエルはゴア司教を「私の高位聖職者であり、上司」と見なすようになった。このような両者の関係からザビエルは日本へ赴く際、ゴア司教に日本国王宛書状の作成を依頼した。この書状は現存しておらず、具体的な内容は不明であるが、おそらくリスボン出発時に与えられた教皇小勅書にならい、日本国王に教皇大使ザビエルを紹介し、日本での厚遇と活動への支援を要請したものと思われる。この書状はわが国ではその内容も考慮せず「親書」「親善書」などと訳されているが、シュールハンマー師およびレトゥリア師は「（教皇大使）信任状」と訳している。私もザビエルとゴア司教との関係からこの訳語が相応《ふさわ》しいと考える。このようにザビエルが持参した書状から、彼が正真正銘の教皇大使であることは明らかである。

　つぎにザビエル書翰（一五四九年十一月五日付鹿児島発ゴアのイエズス会員宛、図5）から、彼が教皇大使としての自覚を持っていたことを裏付けてみたい。


　これらの地方（日本や中国）の状況が私達にだんだんと明らかになってくるように、とてもすばらしいものであれば、私達は教皇聖下に必ずご報告致します。というのは、聖下は地上におけるキリストの代理者、キリスト教徒の牧者であられ、さらに救い主にして贖い主を認め、聖下の霊的支配下に入ろうとしている人々の牧者でもあられるからです。またイエス・キリストを知らない人々に、神の栄光を伝えようという偉大で聖なる望みを持って生活している敬虔で祝福された全ての托鉢修道会士たちfraylesにも書くことを忘れません。どれ程多くの人々が「ヨーロッパから」やってきたとしても、彼らの望みをかなえるために、この大きな王国日本にも、またさらに大きな「王国」中国にも十分余地があります。

注目すべき第一は、日本や中国の状況が将来的に有望であれば、教皇に必ず報告すると記していることである。彼が「単なる宣教師」であれば、このような報告の宛先はせいぜい自らの属する修道会の長止まりであり、それを越えて直接カトリック教会全体の統括者である教皇という発想はないであろう。さらに彼が「必ず」とローマ教皇宛に報告しようと強い意志を示しているのは、自らが教皇の代理である教皇大使としての任務を自覚していた証拠である。

第二は将来予定される日本と中国の布教を「全ての托鉢修道会士たちfrayles」と協働しようという意志を持っていることである。修道会間の壁の厚かった当時、彼がその壁を越えて協働しようとしたことは、全教会的な役職である教皇大使としての自覚を持っていたからであろう。

以上、ゴア司教の「（教皇大使）信任状」および「ザビエル書翰」の記述からザビエルが教皇大使としての資格で大内義隆に謁見したことが明らかになる。つまり、彼はイエズス会士として来日第一号であるとともに、教皇大使の第一号でもあった。

●シュールハンマー説の問題点

シュールハンマー師は、この謁見の際のザビエルの資格をどのように記しているか検証してみよう。『フランシスコ・ザビエルII―三』で次のように記している。

> 今度（第二回目の謁見）は、神父は絹の服装をして、インド総督の使節Gesandter des Indiengouverneursとしてやって来た。彼は領主Fürst（義隆）に二通の彩色された豪華な羊皮紙のインド総督ガルシア・デ・サァとゴア司教の信任状Beglaubigungsschreibenを奉呈し、インド総督とマラッカ長官ペドロ・ダ・シルヴァが日本国王に宛てた十三種の高価な贈り物を進呈した。

シュールハンマー師の見解では、ザビエルは「インド総督の使節」として謁見したことになる。わが国では謁見時ザビエルの資格や服装について、とくに論議されることもなく、またシュールハンマー説が検証されることもなく一般に流布し、ほぼ通説化している。しかし、私は前述の記述のうち彼の資格について疑義を持っている。第一に、ザビエルが「インド総督の使節」であることは事実なのか。ザビエルは確かにゴアでインド総督から日本国王宛に書翰や贈り物を託されているが、使節に任命された事実はない。従ってそのことが事実とすれば、注においてしかるべき典拠を示す必要がある。第二に、ザビエルは謁見の際、「インド総督の使節」を騙《かた》った（自称した）のであろうか。もしそうであるならば、その理由について説明があってしかるべきである。第三に、ザビエルはゴア司教からもお墨付きを得て、その旨を記した「信任状」を持参している教皇大使であるのに、何故「インド総督の使節」でなければならないのか、これらの説明も具体的な典拠を示されず、「インド総督の使節」とされても納得できないのである。

以上、私は謁見時のザビエルの資格をみてきたが、このような問題を合理的に理解する上でも、ザビエルを従来のようにイエズス会士という唯一の資格でとらえるよりも、三つの資格においてとらえることが有効であると考える。

おわりに

従来より、シュールハンマー師に代表される伝統的ザビエル研究では、ザビエルの教皇大使という資格はほとんど問題とされてこなかったのであるが、近年、変化が生じてきているように思われる。

ザビエルがリスボン出発時にポルトガル国王から手渡された、前述の教皇小勅書に「できるだけ早く前述の島々、地方、村々へ行くことを命ずる」とある。ここには、福音の速やかな拡大が教皇大使ザビエルの任務とされていることが分かる。従来の研究では、福音の「速やかな拡大」はイエズス会の宣教師としての使命感や彼の個人的な布教への情熱などから説明され、教皇大使の任務と結びつけることがほとんどなかったが、元ローマ・グレゴリアーナ大学宣教学部長ロペス・ガイ師は上記の小勅書の「できるだけ早く」という箇所に注目され、次のように述べている。

> この副詞はザビエルの〝使徒的焦燥感〟を伝えている。というのは、ザビエルとその使徒的焦燥感の間には、教皇庁、具体的には教皇が存在し、しかも教皇への従順という特別な誓願を立てていた初期イエズス会士にとって、この義務は当然のことながら最重要事であったからである。
> （井手勝美訳「福音宣教師聖フランシスコ・ザビエル（一五〇六～一五五二年）」（『キリスト教史学』五四））

すなわち、教皇大使としての任務が福音拡大のために実質的に機能していたことを指摘されているが、私も同感である。今後ザビエルの教皇大使という資格を彼の活動の根底にとらえ、彼の日本を含めた全アジアでの活動を再検討してみたい、と考えている。

参考文献

Alessandro Valignano S.I., Josef Wicki S.I. (ed.). *Historia del principio y progresso de la Compañia de Jesis en las Indias Orientales (1542~64)*, Roma, 1944.

Antonio Eguren, S.I., Javier en las Indias Orientales. Aspectos jurídicos de su actuación misionera, *Cuadernos de Cultura Misional*, No. 5, Burgos, 1950.

Georg Schurhammer S.I., *Franz Xaver-Sein Leben und seine Zeit*-II-3, Freiburg, 1973.

岸野久『ザビエルと東アジア――パイオニアとしての任務と軌跡――』（吉川弘文館、二〇一五年）

ザビエル・バスク・ナバラ王国

COLUMN

山崎　岳

フランシスコ・ザビエルは、ナバラ王国の貴族の出身である。ザビエル（Xavier/Xabier）姓は「新しい家」を意味するバスク語エチェ・ベッリ（etxe-berri）に由来し、フランシスコ自身もフランス語・ポルトガル語・ラテン語・イタリア語などの言語を操ったが、自ら母語と認めたのはバスク語であった。

バスク人は彼ら自身をエウスカルドゥナク（Euskaldunak）、すなわち「バスク語を話す人々」と呼び、その言語は彼らのアイデンティティの中心に位置を占める。バスク語は周辺のインド＝ヨーロッパ系諸言語とは系統を異にし、「ヨーロッパ語」を母語とする人々がイベリアに侵入してくる以前から現バスク地方およびその周辺地域で話されていた言語だと考えられている。彼らは、ケルト・ローマ・ゴート・イスラーム・フランク（フランス）、そしてアラゴン・カスティーリャなど、周辺地域で繰り返される大勢力の興亡にもまれながら、固有の言語とそれに媒介される人々の絆を現在に至るまで維持してきた。

地図上のバスクは、イベリア半島東北部のビスケー湾に面した地域で、現在のスペインとフランスの国境をまたいだ計七つの行政区域から構成される（図1）。ただ、こうした領域観念は近代的な民族主義の産物であり、実際にこれらの地域が一つ

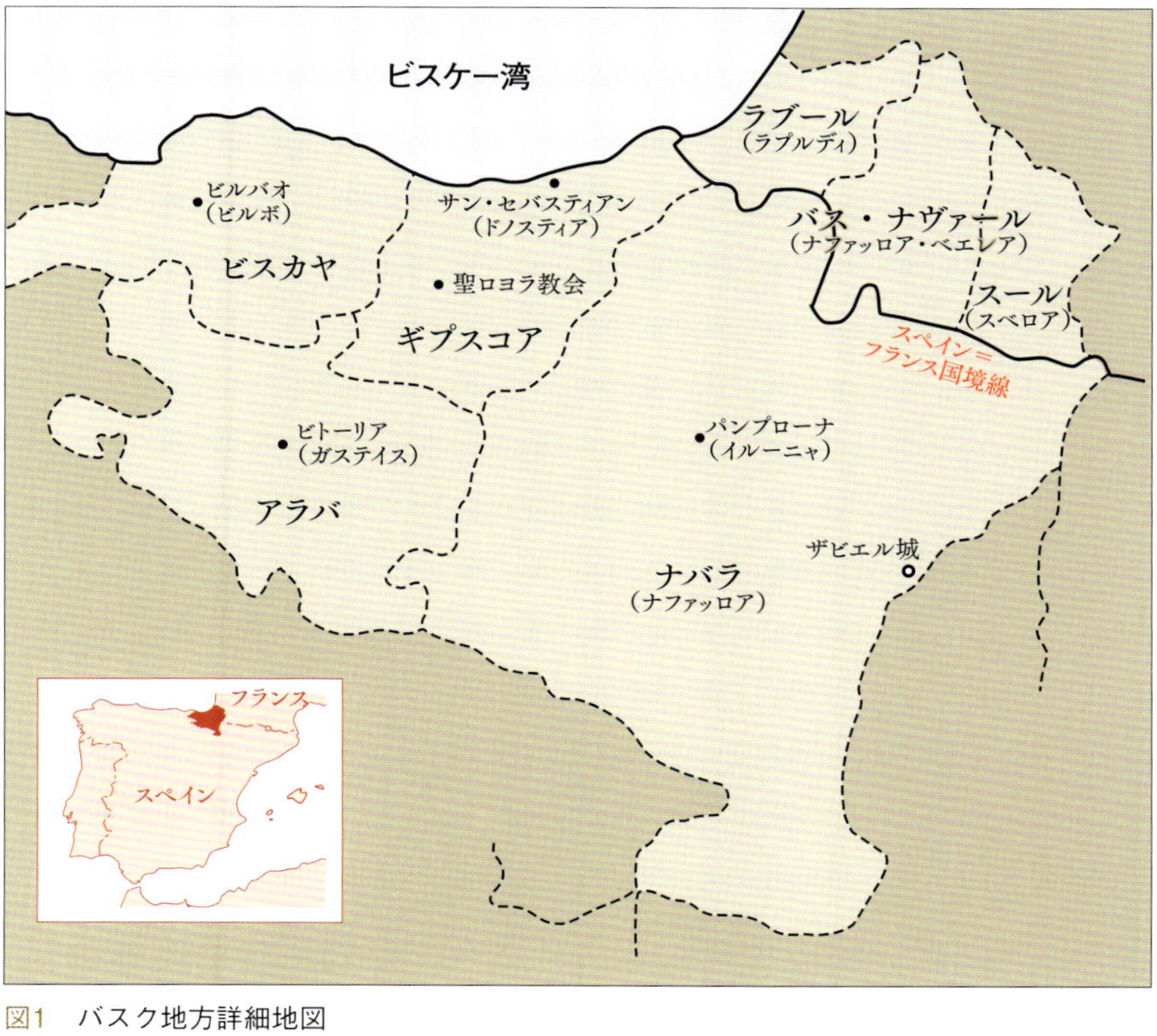

図1　バスク地方詳細地図

に統合されていた歴史があるわけではない。バスク人を一つの「民族」としてみるなら、その歴史は、統一的な政治権力をいただく領域国家としてではなく、むしろ政治的な境界を越えた（あるいはそれによって引き裂かれた）「バスク語を話す人々」の拡散としてとらえられる。

バスク地方の農村を訪れる人は、のどかな田園風景のいたるところでバシェッリ（baserri）と呼ばれる重厚な山荘風の建物を見かけることだろう（図2）。バシェッリとは、周辺農地を含めた屋敷そのものを意味すると同時に、日本のイエと同じく、バスク郷村社会の基層をなす血縁共同体でもある。現在その求心力は大幅に衰えたとはいえ、かつてバスクのバシェッリは、伝統的特権によってスペイン国王の干渉すら拒む強力な氏族的紐帯《ちゅうたい》を形成し、外来の政治権力の干渉を最小限に抑制する作用を果たしてきた。

図2　16世紀のバシェッリ

図3　ビスカヤ県ベルメオの漁港

バシェッリの長期にわたる自立性を支えた要因の一つに、バスク社会で普遍的に見られた単独相続の慣行が挙げられる。これによってバスクの家々は分割相続による家産の細分化を免れ、幾世代を通じて在地における一定の勢力を維持しえたのである。通常は長男が全ての家産を一人で相続したが、場合によっては男子を差しおいて女子が相続人に指定されることもあった。相続人以外の息子たちが、生家にとどまるなら、一生家庭を持つことなく家長の下僕同然の身分に置かれることになる。これを潔しとしない者は、聖職に就くか、兵士となるか、あるいは王家に仕えるなど、外界に生計の手段を探さねばならなかった。

農村からあぶれたバスクの人々の最大の受け皿となったのが海事産業である。ビスケー湾沿岸はニシン・タラ・イワシ・タイが集まる好漁場で、古くから漁業が盛んだった（図3）。特に注目されるのが捕鯨《ほげい》である。バスク人は、一説によれば造船技術や捕鯨手法をヴァイキングから受容し、アイスランドやグリーンランドを経てコロンブスの大西洋横断よりも早くに北回りで新大陸に到達していたともいう。その捕鯨活動は十六世紀に最盛期を迎え、同時期に発展を遂げたタラ漁とともに、北大西洋を越えて北アメリカに展開するようになる。

船の扱いに長《た》けたバスクの人々は軍事的にも重用された。彼らは他国の船を掠奪《りゃくだつ》する権利を認められた私掠船として、十四世紀から十五世紀の間、アラゴンやカスティーリャの王権の庇《ひ》護《ご》のもとイギリス沿岸から地中海にわたる海域で掠奪をはたらいた。十六世紀以降、その活動は新大陸も含めた世界中で展開し、バスク海賊の恐ろしさは後々までヨーロッパ諸国で語り継がれた。人類史上初めて地球を一周したビクトリア号の船長フアン・デ・エルカノ、アジアにおけるスペインの拠点都市マニラを建設したミゲル・デ・レガスピ、南米でスペイン王権からの独立を試みたロペ・デ・アギッレなど、恐いもの知らずのバスクのカピタンたちは、偉大な冒険家として、あるいは残虐な征服者として十六世紀の世界史に名を残した。

ザビエルを嚆矢《こうし》とするキリスト教会の東方宣教は、この時代のスペインやポルトガル王権の勢力拡張政策が前提となる。そして、さらにその背景には、バスクの船乗りたちによる世界の海を股にかけた活躍があった。

一方、バスクの人々にとって十六世紀は亡国の時代でもある。一五一二年、ザビエルの祖国ナバラは隣国カスティーリャの侵攻を受け、大半の領域がその支配下に置かれることとなった。現在、バスク民族が自身の独立国家をもつことなくスペイン・フランス両国の主権下に分属する状況は、このできごとを一つの淵源とする。

ナバラ王国の歴史は、八世紀のウマイヤ朝の侵入に始まる。西ゴート王国が滅ぼされ、ヒスパニアの大半がイスラームに改宗していく中で、ゴート人のアストゥーリアス王国や南進をうかがうフランクの辺境領とともにキリスト教徒の牙城として存続したのがパンプローナ王国である。建国者のイニゴ・アリスタはバスク人で、隣邦のゴート系ムスリムとも手を組みながら、北はフランクの侵入を退け、南はウマイヤ朝の圧力に抗《あらが》い、ローマ時代以来の重点都市パンプローナを南北の侵入者の手から守り切った。王国はやがてバスクの古語で盆地を意味するナバラ（Navarra/Nafarroa）の名で呼ばれ、イベリア半島の「再征服」運動初期の中心的な役割を担うようになる。

イニゴの王統に代わったヒメノ朝ナバラ国王サンチョ三世は、十一世紀の初めにカスティーリャ・レオン・カタルーニャなど諸国を配下に収め、ヒスパニア皇帝を称してイベリア半島のキリスト教勢力の頂点に立った。同王の治世は、ナバラ王国史上におけるバスク人王朝の黄金時代といえる。しかし、サンチョ三世が死去すると、レオン・カスティーリャ・アラゴンの諸王国はその息子たちに分割され、やがてバスク人の王統は各国で断絶する。ナバラ国内でも姻戚《いんせき》のシャンパーニュ伯・エヴルー伯などフランス貴族が相次いで王位を占め、一時はカペー家のフランス国王がナバラ国王を兼ねたこともあった。一方、同じくバスク人の居住地域でありながらナバラ王権からはより自立的であったビスカヤ・ギプスコア・アラバの三県が、十四世紀までにカスティーリャ領に併合され、現バスク自治州（Pais Vasco）はナバラと一線を画した歴史を歩むことになる。回教圏に対する「再征服」を通じてますます強大化するカスティーリャとアラゴンに南方をふさがれたナバラは、ヒスパニアの覇権争いから早々に脱落し、次第に南北にせめぎ合う強国間の緩衝地帯という不本意な役割をあてがわれるようになる。

カスティーリャによるナバラ併合に決定的な役割を果たした

のは、アラゴン王フェルナンド二世である。フェルナンドの父王フアン二世はナバラ女王ブランカ二世と結婚し、王婿としてナバラにおける実権を握っていた。フェルナンドはその後妻の子で、カスティーリャ女王イサベルと結婚し、父の死後、アラゴン王に即位する。ここにアラゴンとカスティーリャの連合が成立し、イベリア半島に強大な統一王権が誕生する。フェルナンドは時のナバラ女王カタリーナと条約を結んでナバラに対する保護権を獲得し、また女王イサベルが死去すると、カスティーリャの執政権を保持したまま、異母妹の故ナバラ女王レオノールの孫娘を後妻に迎えてその王位継承権を主張する。やがてローマ教皇ユリウス二世による反フランス連合の結成に乗じ、一五一二年、フェルナンドは中立を守ろうとしたナバラにカスティーリャ軍を率いて侵攻する。女王カタリーナはピレネー北麓に逃亡し、同山脈以南の地をカスティーリャが制圧する。

　ザビエルは当時六歳、ようやく物心ついたころのできごとであった。自身はもちろんこの戦争に関わることはなかったが、彼の父フアンはナバラ王国の枢密院（Consejo Real）議長という要職についていた。ナバラ国内では、数世紀の間、在来の貴族を代表するアグラモンテス派と、フランス・ノルマンディー出身のボーモン家を中心とするベアモンテス派が対立関係にあったが、当時前者は女王カタリーナに忠誠を誓い、後者はフェルナンドを支持した。ザビエルの一族はアグラモンテス派に属したため、カスティーリャの侵攻後、家門は急速に傾いてゆく。

　フェルナンド二世が死去すると、ナバラの旧臣たちは女王カタリーナの子フアンを擁して蜂起し、一五二一年にはカスティーリャ軍が駐屯するパンプローナを包囲する。ザビエルの二人の兄、ミゲルとフアンも軍人としてナバラ側の陣営に加わっていた。この時、イエズス会の創設者イグナティウス・デ・ロヨラ（図4）が、カスティーリャ側の軍人としてパンプローナに籠《ろう》城《じょう》していたのは、奇遇というほかない。

図4　イグナティウス・デ・ロヨラ像（アスペイティアの聖ロヨラ教会、スペイン）

　ロヨラは、カスティーリャ領バスク三県の一つギプスコアの出身で、当地の貴族オニャス家の一族である。十四世紀から十五世紀以来、ギプスコアでもナバラ王を戴くガンボア家と、カスティーリャ王を戴くオニャス家の両氏族が、ガンボイナとオニャシーノと呼ばれる敵対陣営を形成していた。他の二県でも同様に、アラバではゲバラ家とメンドーサ家、ビスカヤではムヒカ家とアベンダーニョ家の間に対立関係があり、それぞれナバラ王家とカスティーリャ王家を戴いて抗争を展開した。これをスペイン史上では朋党戦争（Guerra de Bandos）と呼ぶ。オニャス家に列なるロヨラは、ナバラのベアモンテス派と強い絆を保ち、カスティーリャによる征服を支援する立場からこの戦いに加わったのである。

　ナバラ軍は善戦し、旧都パンプローナは彼らの手に取り戻された。しかし、「反乱」はフェルナンド二世の孫で、神聖ローマ皇帝にしてカスティーリャ国王であるハプスブルク家のカルロス一世の軍旗の下に鎮圧され、アグラモンテス派の貴族たちは次々とその軍門に降ることになる。ザビエルの兄たちも恩赦によって一命こそ救われたが、一族の居城は徹底的に破壊され、家産は没収された。

図5　足を負傷したロヨラのステンドグラス（アスペイティアの聖ロヨラ教会、スペイン）

　一方、カスティーリャ側に加わったロヨラは、銃弾を受けて足の骨を砕かれ、生涯残る傷を負っていた（図5）。療養中、それまで軍人としての栄達のみを夢見ていたロヨラは、十四世紀ドイツの修道士ルドルフによる『キリストの生涯』という神学書に出会い、その説くところの瞑想修行を実践して神秘的な宗教体験を得るのである。

　ザビエルとロヨラは、同じくバスク語を母語としながら、当時の国際情勢に鑑《かんが》みれば本来互いに信頼しあう関係にはなかったはずである。ザビエルがパリで学生生活をはじめたのは一五二五年、十九歳の時だったが、これはナバラ再興のため決起した兄たちが屈辱にまみれて帰郷した翌年のことである。ポルトガル王の創立にかかる聖バルバラ学院に入学したのも、カスティーリャ系の学院を避けたためであろう。就学中のザビエルはアリストテレスに傾倒する学究者だったが、あくまで一個の俗人である。当時彼の実家の経済状況は困窮をきわめており、あやうく呼びもどされて軍人にさせられるところだったというから、父祖累代の敵国カスティーリャを恨むところあって当然であろう。

　ザビエルに進んで近づいていったのは、ロヨラの方だった。ロヨラが、当時とりたてて信仰心が篤《あつ》いわけでもなかったこのナバラの貴公子に目をつけたのは、パンプローナをめぐる因縁もあずかったのかもしれない。晩学のロヨラは学業にかけてはザビエルに及ぶべくもなかったが、古風な騎士道式の宗教的情熱と、自身の宗教体験から導かれた修養理論、そして一種教祖

COLUMN

めいた人格的資質を兼ね備えていた。当初ロヨラはザビエルにそれほど芳《かんば》しい印象を与えなかったが、やがてザビエルの同室に住み込み、彼らの敵対者をしてザビエルをその「哀れな操り人形」と言わしめるまでに徹底的な影響を及ぼすにいたった。

ザビエルの東洋諸国への宣教は、カトリックの教勢回復を企図するローマ教皇の意思と、その忠実な実行者たらんとするロヨラの指名によって実行されたものである。もし順当に学業を終えていれば望みある前途が開かれていたであろうザビエルが、世俗の栄達に背を向けてはるか東方の異郷に生涯を終えることになったのは、ひとえにロヨラの存在あってのことだった。そして、ザビエルとロヨラが親密に語りあう際に交わされた言葉は、当然ラテン語やフランス語ではなく、彼ら共通の母語であるバスク語だったはずである。

さらに想像を逞《たくま》しくするなら、ザビエルがロヨラの説く教義を受け入れたのには、帰るべき故郷の喪失という心理的な要因もはたらいていたのかも知れない。カスティーリャによるナバラ併合とその後幾たびかの反乱を経て、一族は財産を没収され没落の道をたどった。父フアンも、母マリアも、そしてフランシスコのよき理解者であった姉マグダレーナも、窮迫の度を増す生活に苦しみながら相次いで世を去った。もはや彼には頼る者も、頼られる者もいなかった。かつては立身出世を期待され、その重圧にも耐えかねていたであろう三十そこそこのザビエルが、俗世の無常を観ずるには十分な境遇ではなかったか。

騎士としての生涯を諦《あきら》めたロヨラが教皇の兵士として生きる決意をしたように、故郷を失ったザビエルは異郷への福音伝道に身を捧げることを望んだ。折しも数多くのナバラの遺民が続々と海外に新天地を求めていった時代のことである。ザビエルの東方宣教も、当時世界中で展開していたバスク人のディアスポラの一環に数えることができよう。アジアへの旅はザビエルにとって自身の魂の新天地を求める冒険であった。その目的は、はるか南シナ海の一島嶼上において彼の魂が天に召されたことで、ついに果たされたものと信じてよいのではないか。

参考文献

イグナチオ・デ・ロヨラ著、門脇佳吉訳注『ある巡礼者の物語 イグナチオ・デ・ロヨラ自叙伝――』(岩波書店、二〇〇〇年)

垣花秀武『イグナティウス・デ・ロヨラ』人類の知的遺産二七(講談社、一九八四年)

司馬遼太郎『南蛮のみちI』街道をゆく二二(朝日新聞社、一九八八年)

ジャック・アリエール著、萩尾生訳『バスク人』文庫クセジュ七三五(白水社、一九九二年)

萩尾生・吉田浩美編『現代バスクを知るための五〇章』エリア・スタディーズ九八(明石書店、二〇一二年)

レイチェル・バード著、狩野美智子訳『ナバラ王国の歴史――山の民バスク民族の国――』(彩流社、一九九五年)

渡部哲郎『バスクもう一つのスペイン――現在・過去・未来――』(彩流社、一九八四年)

渡部哲郎『バスクとバスク人』平凡社新書二二一(平凡社、二〇〇四年)

図版出典

図2 板倉元幸『スペイン民家探訪』(ARTBOXインターナショナル、二〇〇四年)

II-2 ザビエルの航海と東アジア海上貿易

中島楽章

はじめに

十五世紀末にインドに到達したポルトガル人は、一五一一年にはマラッカを占領して、東南アジア貿易にも進出した（図1・2）。その後もポルトガル人は、華人海商とも協力して、東南アジアから東アジアへと交易圏をひろげていった。ザビエルの航海も、彼らの交易ネットワークを利用しておこなわれたのである。

東アジア海上貿易の中心は、もちろん中国である。ところが明朝はもともときびしい海禁政策をとり、民間商人の海外貿易をいっさい禁止し、朝貢《ちょうこう》国が明朝に使節を送る際におこなわれる、朝貢貿易だけを認めていた。しかし十五世紀後半になると、多くの華人海商が海禁を破って、南シナ海域に渡航しはじめる。彼らは生糸・絹・陶磁器などの中国商品を輸出し、おもに胡椒《こしょう》を輸入していた。一五一一年にマラッカを占領したポルトガル人は、一五一三年には広東の広州近海に渡航して、交易をおこないはじめる。そのころ広州近海では、海禁がゆるんで、朝貢船以外の外国船も入港して交易をおこなっており、広東当局もそれを黙認して関税を徴収していた。ポルトガル人もこの交易に参入したのだ。

ところがその後、ポルトガル船は広東当局とトラブルをおこし、一五二一～二二年にタマンに入港したポルトガル船は、明朝の水軍に攻撃され、駆逐されてしまった。これによって広東では、それまで黙認されていた、ポルトガル以外の外国船との交易まで禁止されてしまう。しかし一五二〇年代後半になると、ポルトガル人は海禁が比較的ゆるかった、福建南部の漳州《しょうしゅう》湾に北上して、密貿易をおこなうようになる。同時に漳州湾から、マラッカに来航する華人海商も増えていった（Loureiro 2000）。

一、ポルトガルの東アジア海域進出

● ポルトガル私貿易商人とマラッカ

もともとポルトガルは、胡椒や香辛料などの主要商品の貿易を、王室の独占事業とし、インド西岸のゴアに派遣されたインド総督が、王室船の貿易を統括していた。しかし十六世紀なかばになると、特定の航路で貿易をおこなう権利を、軍功のあった有力者などにあたえることも増えていく。さらに本国の統制をはなれて、自由に航海をおこなう、私貿易商人の活動も活発になっていった。アジアに到来したポルトガル人は、各地の要塞・艦隊・商館で所定の任期を終えたあとも、そのまま現地に残って、私貿易商人や傭兵《ようへい》として活動することが多かった。彼らはしばしば現地の女性と結婚して定住し、マラッカをはじめ、シャムのアユタヤや、マレー半島東岸のパタニなどには、ポルトガル人のコミュニティーも形成されていく。こうした私貿易商人は、華人海商とも協力して、南シナ海やジャワ海でアジア間交易をくりひろげた（Loureiro 2000、中島二〇一六）。

　とくに東南アジア貿易で、大きな影響力をもっていたのがマラッカ長官だった。マラッカ長官は、ポルトガルのアジア進出の最前線にあって、本国やインド総督からの自立性が強く、マラッカと東南アジアを結ぶ貿易船を、自らの裁量で派遣する権限をもっていた。この重要なポストをしばしば手に入れたのが、アジア進出の英雄ヴァスコ・ダ・ガマの子供たちである。一五三〇年代には、三男のパウロ・ダ・ガマ（一五三三～三四年任）、次男のエステヴァン・ダ・ガマ（一五三四～三九年任）があいついでマラッカ長官に着任した。特にエステヴァンは、各地の港市に配下の商務員を派遣し、多くの私貿易商人を傘下におさめて、独自の交易ネットワークを作りあげていった（Alves 2010、中島二〇一六）。

図1　マラッカ、サンティアゴの門（Porta de Santiago）　ポルトガルがマラッカに建設したサンティアゴ要塞の門

図2　マラッカの丘の聖母教会（Igreja de Nossa Senhora do Monte）　1521年に創建され、ザビエルもここで宣教した

● 私貿易商人の東シナ海進出

　さらに一五四〇年代にはいると、ポルトガルの中国貿易はいっそう大きく発展していった。その理由は二つある。一つは従来の福建海商＝チンチェオスにくわえ、中国経済の中心である江南デルタに近い徽州《きしゅう》の海商が、南シナ海の密貿易に進出したことである。もう一つは、彼ら徽州海商が、ポルトガル人をマラッカやパタニから、浙江の舟山列島にある、双嶼《そうしょ》の密貿易拠点に引きいれたことだった。さらにこのころから、日本では石見《いわみ》銀山などの銀生産が急増し、多くの華人海商が、日本銀を求めて、海禁を破って九州に渡航するようになった。これによって、双嶼は徽州・福建海商や、ポルトガル私貿易商人をはじめ、東南アジア人や日本人も集まる、

東シナ海の一大密貿易拠点となっていく。双嶼には胡椒などの東南アジア産品や日本銀が運ばれ、中国商品と交易された（中島二〇一五）。

　こうして一五四〇年代になると、多くのポルトガル私貿易商人が、中国貿易の利益を求めて、マラッカ・パタニ・アユタヤなどから、漳州湾や双嶼に殺到するようになっていった。一五四二年には、アユタヤから華人ジャンクに同乗して双嶼に向かったポルトガル人が、琉球王国に漂着している。一五四三～四四年になると、あまりにも多くのポルトガル人・華人海商が東南アジアから中国に来航するため、主要輸出品である胡椒が供給過剰になり、値崩れをおこすほどだった。一五四三年には、のちに倭寇の大立者となる王直《おうちょく》のジャンクで、ポルトガル人が種子島に来航しているが、彼らは中国貿易の過当競争のため、新たな商機をもとめて九州に向かったのだろう（中島二〇一六）。

　このように一五四〇年代には、ポルトガル私貿易商人や華人海商による密貿易は、南シナ海から東シナ海へと拡大し、東アジア海域はかつてない交易ブームを迎えた。こうなると明朝も、さすがに密貿易の蔓延を放置できなくなる。一五四八年五月、浙江・福建の軍務を統括する朱紈《しゅがん》は、明朝の水軍に双嶼の総攻撃を命じた。明軍は双嶼を包囲攻撃して破壊したが、密貿易船団の主力は漳州湾に南下して密貿易をつづけた（山崎二〇〇三、岡二〇一〇）。

　フランシスコ・ザビエルが東アジアへの布教にのりだしたのは、まさに双嶼や漳州湾の密貿易拠点が壊滅し、ポルトガル人が東シナ海域から一掃された直後のことだった。彼の日本・中国での活動は、こうした逆風下で進められたのである。ここではザビエルの書簡などから、ザビエルがこうした状況下で、ポルトガル私貿易商人や華人海商とともに、東アジア海域を航海した軌跡をあとづけてみたい。なおザビエルの書簡は、『聖フランシスコ・ザビエル全書簡』（河野一九八五）から引用し、同書での通し番号を記している。

二、ザビエルの日本渡航と華人海商

●ザビエルの日本渡航計画

　フランシスコ・ザビエルは一五四二年にゴアに到着し、南インドで布教活動に尽力した。一五四五年からは東南アジアに転身し、マラッカやモルッカ諸島で布教を進めた。しかし信者数は増えたものの、ポルトガルの保護をもとめて表面的に改宗した者が多く、教義の理解も深まらず、ザビエルはアジア布教の限界を感じていた。

　一五四七年十二月、ザビエルはマラッカで、旧友の商人ジョルジェ・アルヴァレスを通じて、日本人アンジローに面会する。アルヴァレスは一五四六年に薩摩に渡航し、アンジローをともなってマラッカに帰航し、ザビエルに彼を紹介したのだ。ザビエルはアンジローやアルヴァレスから日本情報を聞き、日本布教計画を考えはじめる。ザビエルは一五四八年一月にインドに帰り、日本渡航の準備を進めていく（河野一九八八、岸野一九九八）。

　一方、このころザビエルはインド総督に、友人のディオゴ・ペレイラに、中国に渡航するための特許状を交付するように請願している。ペレイラはインドに来航したポルトガルの下級貴族と、おそらく現地女性とのあいだに生まれたゴアの有力海商で、ザビエルの熱心な後援者だった。これによってペレイラは中国行きの特許状を取得し、単なる私貿易商人ではなく、インド総督のお墨付きで中国に渡航できることになった。彼の船団は一五四八年四月にインドを出発し、中国へと向かった（岡二〇一〇、岸野二〇一五）。

ところがペレイラがインドを出航した翌月、明軍は双嶼を攻撃し、密貿易拠点を破壊してしまった。ポルトガル船団は双嶼を脱出し、漳州湾に南下して密貿易をつづけた。その夏にはペレイラの船団も漳州湾に来航し、密貿易船団に合流する。年末には、ペレイラの本船はマラッカに戻り、残ったポルトガル人は、二隻のジャンクに分乗して越冬することになった。しかし彼らのジャンクは、翌一五四九年三月に、福建南端の銅山島で、明朝水軍に攻撃されて壊滅し、多くのポルトガル人が捕虜となってしまう。そのなかにはザビエルの推薦で、ペレイラの船団に加わった人々も含まれていた（岡二〇一〇）。

図3　フランシスコ・ザビエルの日本往復航路

● マラッカへの渡航準備

こうして一五四九年までに、東シナ海域からポルトガル船は一掃されてしまった。ザビエルの渡航計画は、きわめてタイミングが悪い時期に進められたことになる。こうした情勢は、まもなくインドにも伝わった。ザビエルは一五四九年一月の書簡で、「マラッカから到着した船がもたらしたもっとも確実な情報によると、シナ各地の港ではポルトガル人に反対して決起しているとのことです」と記している。それでも彼は、「私はそんなことで日本へ行くことをやめません」と決意を示している（書簡七六）。

図5　上川島の波止場

図4　福建海商のジャンクの模型（海外交通史博物館蔵、福建泉州市）

ザビエルは二人のイエズス会士やアンジローとともに、一五四九年四月にゴアを出航し、五月末にマラッカに着いた。当時のマラッカ長官は、ヴァスコ・ダ・ガマの五男、ペドロ・ダ・シルヴァ・ダ・ガマだった。シルヴァはザビエルの日本計画に積極的に協力し、彼が日本に渡航するために、ポルトガル船を手配しようと尽力した（書簡八四）。ところがあまりにも間が悪かった。三月に中国沿岸からポルトガル船が一掃されたニュースは、マラッカにも届いていたにちがいない。ポルトガル海商は、この破局的状況を知って、一人として日本に向かおうとはしなかった。マラッカから日本に渡航するには、中国沿岸に帰航して補給や風待ちをすることが多かった。安心して日本に迎えるような状況ではなかったのだ。

それでも長官シルヴァは、なんとか一隻の華人ジャンクを手配してきた。ザビエルの書簡によれば、長官は「海賊《ラドロン》という名のシナ人で、マラッカで妻帯している人が持っている一隻のジャンクを用意することを命令し、私たちを日本に渡航させる責任を」課したのだという（書簡八四）。海賊《ラドロン》というのはこの華人のあだなで、名前はアヴァンといった。アヴァンとは、ジャンク船でマストの操作にあたる、「亜班」という役名による通称だろう（図4）。

● 華人ジャンクで日本へ

アヴァンのジャンクは、一五四九年六月にマラッカを出帆し、七月末には広東近海の上川島に寄港した（図5）。上山島は双嶼や漳州湾の密貿易拠点が壊滅したあと、残されたわずかな密貿易拠点となっていたのだ。ところがアヴァンは、ザビエルを乗せて日本に直行するという約束にもかかわらず、上山島で越冬し、翌年に日本に渡航するといいだした。ザビエルは彼を脅したりすかしたりして、なんとか越冬を思いとどまらせる（書簡九〇）。

さらにジャンクが北上して漳州湾に近づくと、アヴァンはしょうこりもなく、ここで越冬すると主張した。しかし運はザビエルに味方する。ザビエルによれば、「（漳州）港に入ろうとした時、一隻の帆船が私たちのところへ来て、この港にはたくさんの海賊がいるから、もしも港に入ったら、もうおしまいだと報告」したのだという。ちょうどそのとき、近くに数隻の船が見えたので、アヴァンは自船を失うことを恐れて、漳州に入港せず、日本に直行したのである（書簡九〇）。しかしみずから海賊《ラドロン》というあだ名をもつ密貿易者であるアヴァンが、漳州湾の海賊船を恐れるというのも妙な話だ。おそらく彼らが遭遇した船は、地元の海賊船ではなく、漳州湾での密貿易船団の掃討作戦のあとも、湾内のパトロールをつづけていた明朝の軍船だと思われる。

アヴァンがこうも中国沿岸での越冬に固執したのは、そこで一儲《ひともう》けを狙ったからにちがいない。彼のジャンクは、輸出商品として胡椒などの南海産品を積んでいたはずである。しかし日本で商売をするなら、それよりも生糸や絹などの中国商品のほうがはるかに需要が多く、利益が大きい。彼は中国で越冬して胡椒などを中国商品と交易し、中国商品を日本で売って利益をふくらませようとしたのだろう。

なお次の藤田明良氏のコラム「ザビエルが出会った〝悪魔〟の正体は？」（本書85頁）が明らかにするように、アヴァンは航海中、つねに航海の女神である媽祖《まそ》を崇拝していた。媽祖はとくに福建の海商が崇拝する航海神だ。もともとマラッカに来航する華人海商の多くは漳州人＝チンチェオスだった。アヴァンもマラッカに拠点をおいて密貿易をおこなっていた、漳州湾地域出身の海商だったのではないか。彼は親戚知人がたくさんいる漳州湾で越冬して、交易するつもりだったが、明朝水軍が近海を哨戒《しょうかい》しているのを知って、やむなく寄港をあきらめたのだと思われる。

こうしてアヴァンのジャンクは、八月十五日に鹿児島に入港した。それから一五五一年末まで、二年三ケ月にわたるザビエルの日本布教がはじまったのである。

三、ザビエルの上川島渡航と海商たち

● マラッカへの帰航

ザビエルは鹿児島に上陸後、平戸・山口を経て京都にいたり、一五五一年四月からはふたたび山口において、大内氏の保護のもとで布教活動を進めていた。この年の八月、山口のザビエルのもとに、ドゥアルテ・ダ・ガマの船が豊後府内に入港したという知らせが入った。ドゥアルテ・ダ・ガマもザビエルの旧知で、かつてインドのクイロンの長官だったときに、ザビエルの布教を援助したあいだがらだった。このため九月には、ザビエルは府内におもむき、大友氏の保護のもとで布教をおこなうことになった。そして十一月十五日、彼はドゥアルテ・ダ・ガマの船でマラッカへ帰航の途につく（河野一九八八、岡二〇一〇）。

レイノーゾの連作、「フランシスコ・ザビエルの生涯」の18（図6、本書44頁）は、ザビエルがこの航海の途中に起こしたといわれる奇跡《きせき》を描いている。ドゥアルテ・ダ・ガマの船が漳州湾付近にさしかかったところ、とつぜん暴風におそわれた。船の

図6　アンドレ・レイノーゾとその工房「フランシスコ・ザビエルの生涯」18「嵐の中を航行中の船上で祈りをささげるザビエル」（サン・ロケ教会蔵、リスボン）

総重量を軽くするため、一部の乗員を小船に移して本船に係留した。ところがその綱が切れて、小船は水平線のかなたに消えてしまう。ザビエルは船長のガマに対し、帆をおろして船を止めるように頼んだ。ザビエルが船上で天に祈ると、やがて荒波のなかから小船があらわれ、もやい綱も投げないのに本船に接舷したというのである（河野一九八八）。この絵に描かれたドゥアルテ・ダ・ガマの船は、中型で速度が速いカラヴェラ船であろう。

● ザビエルとディオゴ・ペレイラ

府内を出航したガマの船は、広東近海の上川島に寄港した。一五四九年に浙江・福建近海を追われたポルトガル人は、この上川島に渡航して、華人海商と密貿易を再開していたのだ。上川島にはいくつものポルトガル船が停泊していたが、そのなかにザビエルの友人、ディオゴ・ペレイラの船もあった。彼は一五四八年末に漳州湾からマラッカに戻ったあと、やはり上川島の密貿易に参入していたのである（岸野二〇一五）。

上川島でのザビエルとペレイラの再会により、彼らの中国渡航計画が具体化する。元々ザビエルは、来日以前から中国布教の構想をいだいていた。もちろん明朝は、海禁政策をとり、朝貢使節以外の外国人の入国を厳禁していた。しかしザビエルは来日直後の書簡で、中国へは「日本国王の通行許可証を持って行けば、虐待を受けずに安全に入国できます。私たちは日本の国王が私たちの友人となり、彼からこの通行許可証をたやすく得られるだろう」と述べている（書簡九〇）。この通行許可証とは、明朝の皇帝から日本国王（足利将軍）に与えられた、朝貢使節を派遣するための勘合《かんごう》を意味している。しかしザビエルは楽観的すぎた。彼が赴いた京都は戦乱で荒廃し、将軍や天皇に会うすべもなかった。

そこでザビエルとペレイラが考えたのは、彼ら自身がポルトガル国王の使節として、明朝に渡航しようというプランだった。これによって明朝との通交を開くとともに、ザビエルの中国布教への道を開き、さらに一五四九年に明軍に捕らえられたポルトガル人の釈放もめざそうとしたのである。この計画もかなり楽観的ではあるが、二人はその実現に向けて動きだした。なおドゥアルテ・ダ・ガマの船は上川島からシャムに向かったので、ザビエルはペレイラの船に乗りかえて、十二月末にマラッカに帰っている（岸野二〇一五）。

翌一五五二年二月、ザビエルはゴアに渡り、インド総督から使節派遣計画の承認をうけ、ペレイラを国王使節に任命する辞令や、明朝皇帝あての国書などをうけとった。五月には、ザビエルは中国に同行する宣教師や、あらたに日本布教に参加する宣教師とともに、ゴアからマラッカに戻った。このうち日本に向かうメンバーは、マラッカから上川島に渡り、そこからはドゥアルテ・ダ・ガマの船によって、九州へ渡航している（岡本一九四二）。ドゥアルテ・ダ・ガマは、前年末に上川島でザビエルと別れてから、シャムに渡航して越冬し、そこから上川島にもどって、ふたたび九州へと向かったのだ。

翌月には、ペレイラもジャワ島で中国に輸出する胡椒を買いつけて、マラッカに帰ってきた。こうして中国渡航の準備万端がととのい、あとは順風を待って出航するばかりだった。ところがここで事態はいきなり暗転する。マラッカ海上総司令官のアルヴァロ・デ・アタイーデ・ダ・ガマが、

図7　上川島の聖フランシスコ・ザビエル教会
1700年にイエズス会宣教師が、ザビエルが仮埋葬された場所に建立。その後荒廃したが、1896年、広東司教が現在の教会を再建。1986年に現在の形に整備した

彼らの出航をむりやり妨害しだしたのである（岸野二〇一五）。

●マラッカ長官との確執

アタイーデ・ダ・ガマはヴァスコ・ダ・ガマの六男で、兄シルヴァの後任として、次期マラッカ長官になることが決まっていた。彼はマラッカ防衛のためにペレイラは残留すべきだと主張して、サンタ・クルス号の舵を押収して出航を許さなかった。このままではザビエルの布教構想も、ペレイラの巨額な投資も水泡に帰してしまう。ザビエルは現長官シルヴァや、マラッカ司教代理を通じて、なんとかアタイーデを翻意《ほんい》させようとした。しかしシルヴァは弟に説得を拒絶されて、長官を辞任してしまい、司教代理もアタイーデを恐れ、ザビエルが要求した破門通告を宣告しないありさまだった（岸野二〇一五）。

図8　ザビエル教会から対岸の中国大陸を望む

アタイーデはなぜここまで、中国渡航計画を妨害しようとしたのだろうか。その背景には、中国貿易の利権をめぐる競合があったようだ。アタイーデは海域アジア屈指の名門であるガマ一族の出身だ。彼の三人の兄たちは、マラッカ長官として私貿易商人を傘下におさめ、独自の貿易ネットワークをきずいてきた。彼からみれば、ペレイラはインド生まれの一介の商人にすぎない。ところがこのペレイラが、新興の私貿易商人のリーダーとしてにわかに台頭し、いまや国王使節として中国に渡ろうとしている。もしこの通交交渉が成功すれば、彼が中国貿易の主導権を握ってしまうのは明らかだ。アタイーデとしては、アジア間貿易の既得権益をみすみす奪われるわけにはいかない。この権益構造にかかわっていたマラッカ市民も彼に同調し、ザビエルやペレイラを迫害した（Loureiro 2000、岸野二〇一五）。

結局、アタイーデはペレイラの中国渡航

を許さず、ザビエルだけがサンタ・クルス号で渡航することを認めた。しかしその船長や商人長には自分の配下を送りこみ、航海の主導権をのっとってしまう。ザビエルはやむなく、彼らとともに上川島に渡航し、中国に密入国するチャンスにかけることにした。一五五二年七月、ザビエルは数名の同行者とともに、サンタ・マリア号でマラッカを出発し、八月末に上川島に上陸した（岸野二〇一五）。

● 上川島でのザビエル

そのころポルトガル船は、初夏の南西モンスーンで上川島に渡り、晩秋の北東モンスーンでマラッカに帰っていた。ザビエルは十月二十二日、マラッカのフランシスコ・ペレス神父への書簡で、次のように述べている。「私たちは、商人の船がたくさん停泊しているサンチャン（上川島）の港に無事到着いたしました。このサンチャンの港はカントン（広州）から三〇レグア（一六八キロメートル）のところにあります。カントンの町のたくさんの商人はこのサンチャンに通って来て、ポルトガル人と商売をしています」（書簡一三一）。

この当時、浙江や福建の近海では、倭寇《わこう》による密貿易や海賊行為が激化し、ポルトガル船が安易に渡航できるような状況ではなかった。しかしはるか南方の上川島では、倭寇の影響もおよばず、広東当局の監視もゆるく、ポルトガル私貿易商人と華人商人の密貿易の場となっていたのだ。ポルトガル人たちは船内で寝起きするか、浜辺に簡単な小屋をかけて暮らしていた。かつてザビエルにアンジローを紹介したジョルジェ・アルヴァレスも、上川島に来航して交易をおこなっていた。ザビエルはアルヴァレスの小屋に寄寓して、対岸の中国本土に渡航するすべをさがすことになる（Loureiro 2000）。

図9　上川島のザビエル記念像

上川島には、ポルトガル海商がもたらす胡椒などをもとめて、多くの華人商人が、明朝の禁令をくぐって集まっていた。ザビエルは「私たちが会っているすべてのシナ人は誠実な商人で、……また彼らは新しい教えを好む人たちなので、私たちがシナへ行くことを喜び、望んでいます」と述べており、彼らについて好意的な印象を記している。ただしザビエルがゴアから通訳として連れてきた華人アントニオは、「シナ語を話すことを忘れてしまいましたので、通訳として役に立たな」かったという。おそらく中国語を忘れたというより、広東語がわからず、筆談もできなかったのだろう（書簡一三一）。

ザビエルは華人商人たちに、広州に連れていってほしいと熱心に交渉した。しかし彼らは、「もし私（ザビエル）を連れていったことがカントンの総督に発覚すれば、生命も財産も大きな危険にさらされる」といって、誰も引きうけようとしなかった。その後ようやく、広州に住むある華人商人が、二〇ピコ（一二〇〇キログラム）の胡椒とひきかえに、ザビエルを広州に連れていくことを引きうけた。この商人は、銅山島で明軍の捕虜となり、広西省の桂林から脱走してきたあるポルトガル人を、上川島まで送り届けてくれた人物だった。彼がザビエルを、小舟で広州の城門まで連れていくと約束したのである。

ザビエルは広州に着いたら、総督のもとを訪れ、ゴア司教からの書簡を見せ、ポルトガル国王から布教のために派遣されたと告げるつもりだった。しかし他の華人たちは、明朝では「国王の入国許可証なしには外国人は一人も入国できないように、国王はきびしく禁じている」ため、総督はザビエルたちを「拷問にかけるか、投獄するように命令する」危険があると警告した。それでもザビエルは、広州渡航の意思を変えなかった（書簡一三一）。

図10　ザビエル記念像台座の碑文
1639年、マカオのイエズス会士がザビエルを仮埋葬した場所に石碑を建立。その後失われたが、1987年、海外のカトリック教会の協力で、ザビエル記念像の台座に、元来の石碑とほぼ同文の記念碑を設置した。上半分は漢文。「耶蘇《イエズス》会士、泰西聖人方済各《フランシスコ》・沙勿略《ザビエル》、爾《ここ》に大明嘉靖三十一年壬子冬に於いて、升天せる真蹟。崇禎十二年己卯、衆友碑を立つ」とある。下半分はポルトガル語。Aqui foi sepultado S. Fran^{co} Xavier da Comp^{a} da Jesus Aplo do Oriente. Este padrão se levantou no ano de 1639（ここに東方の使徒、イエズス会の聖フランシスコ・ザビエルが葬られた。1639年にこの石碑を立つ）とある

四、ザビエルのシャム使節参加計画

● ザビエルの死去

ザビエルは上川島で、彼を広州に連れていくと約束した、華人商人の到来を待ちつづけた。一方、ザビエルは十月二十二日に盟友のディオゴ・ペレイラに書簡を送り、もしこの華人商人が来なかったら、翌年にシャムに渡って、そこから中国に入国を試みたいと伝えている。そのころポルトガル海商のディオゴ・ヴァス・デ・アラガンが、上川島でジャンクを買って、シャムに向かおうとしていた。彼はザビエルの日本滞在中に豊後にいて、大友宗麟《そうりん》とも親交があり、ザビエルとも豊後で知りあっていたようだ（岸野一九九八）。そこでザビエルも、アラガンのジャンクに同乗してシャムに渡り、翌年シャム王が明朝に派遣する朝貢使節に同行して、中国に入国しようと考えたのである（書簡一三二）。

ザビエルを迎えに来る華人商人は、十一月十九日にやってくるはずだった。ザビエルは彼を待ちながら、十二日にはふたたびペレイラに書簡を送り、今年中に広州に行けなかったら、やはりシャム王の朝貢に同行して中国をめざしたいと告げた。ザビエルは最後に、「もし私がシナに行けたとすれば、二つの所のどちらかで私を見つけるだろうと思います。カントンの牢獄に捕らわれているか、あるいは国王がいつもおられるといわれる北京にいるか、どちらかです」と記している。無理にでも密入国して投獄されるか、首尾よく朝貢使節とともに北京に赴くか、いうことである（書簡一三六）。

やがて上川島に停泊していたポルトガル船は、晩秋の北東風でマラッカに帰りはじめた。上川島に残ったのは、ザビエルが乗ってきたサンタ・クルス号と、シャムに向かう予定のアラガンのジャンクだけだった。十九日になっても、まちわびた華人海商は来なかった。十一月末になり、ザビエルは高熱を発して病に倒れる。アラガンのジャンクでシャムに向かうのも、もはやとうてい無理だった。十二月三日、彼は上川島の小屋で、華人アントニオとインド人の従僕にみとられて死去した（河野一九八八）。

レイノーゾ「フランシスコ・ザビエルの生涯」の19（本書46頁）は、ザビエルの昇天を描いている。粗末なあばらやにザビエルが横たわり、息をひきとろうとしている。近くの湾には、真冬らしい黒々とした海にサンタ・クルス号が投錨《とうびょう》しており、上川島で越冬するポルトガル人が船上で立ちはたらき、浜辺では上陸用のボートが本船に戻っていく。ここで描かれたサンタ・クルス号は、三本マストで大型のナウ船である。

●シャム使節参加計画の背景

なおザビエルがシャム王の朝貢使節に同行するという計画については、従来の研究でもあまり注目されておらず、現実性に乏しい机上のアイディアとみなされているようだ。しかしこの計画は、まったくあてのない思いつきというわけではなかった。ザビエルが病に倒れなければ、彼は実際にシャムに渡り、朝貢使節への参加を試みたのではないか。

シャムのアユタヤ朝による明朝への朝貢貿易は、一五二六（嘉靖五）年を最後に長くとだえていた（邱炫煜一九九五）。しかしまさにザビエルが上川島で死去した翌年、一五五三（嘉靖三十二）年に、シャム国王は二十七年ぶりに朝貢使節を派遣しているのである。明朝の史料には、「（嘉靖）三十二年、（シャム）国王は使節の坤随離らをつかわし、白象と特産品を貢納した。……三十七年にもまた朝貢をおこない、今にいたるまで絶えていない」（『殊域周咨録』巻八、暹羅）と記されている。この朝貢使節は、翌一五五四（嘉靖三十三）年九月に、北京の紫禁城で嘉靖帝に謁見した（『世宗実録』巻四一四、嘉靖三十三年九月壬戌）。シャムの朝貢船は、一五五三年の春から夏にアユタヤを出航し、広州からは陸路で北京に向かい、翌年九月（新暦十月）に皇帝に謁見したわけである。

ザビエルは一五五三年にシャムがひさしぶりに朝貢使節を派遣するという情報を、正確につかんでいたわけだ。シャムの王都であるアユタヤは、マラッカやパタニとともにポルトガル私貿易商人の主要な貿易拠点だった。ザビエルの盟友ディオゴ・ペレイラも、一五四八年末に福建の銅山島からマラッカに帰航する途中、アユタヤに寄港して、シャム王の要請によりビルマ軍と戦っている（岡二〇一三）。

すでに述べたように、一五五一年にザビエルが豊後から帰航する際に乗ったドゥアルテ・ダ・ガマの船も、そのあとシャムに渡航して越冬していた。翌一五五二年には、彼の船は上川島に戻り、そこで新たに日本布教に参加する宣教師たちを乗せて、ふたたび日本へと向かっている。その翌年にシャムが朝貢使節を派遣するという情報は、この時にドゥアルテ・ダ・ガマによって、上川島に伝えられたにちがいない。彼がこの情報を、ザビエルに伝言した可能性もありそうだ。そしてザビエルは上川島において、旧知のアラガンがシャムで越冬するのを知り、この朝貢使節に参加しようと考えたのである。

たとえザビエルがシャムに渡航できたとしても、彼が朝貢使節に紛れ込んで、広州に上陸することは難しかっただろう。とはいえザビエルがシャム経由で明朝に入国するというプランが、単なるあてのない思いつきではなかった。一五五〇年代初頭にも、ポルトガル私貿易商人は、マラッカ・アユタヤ・上川島・九州などを結ぶ航路を、活発に往来していた。ザビエルもこうした私貿易商人のネットワークを通じて、シャムの朝貢に関する情報を得て、シャム経由の中国渡航計画を構想したわけだ。

おわりに

ザビエルが上川島で死去した翌々年、一五五四年には、ポルトガル海商のリーダーであったレオネル・デ・ソウザが、広東の海防を管轄する海道副使の汪柏と交渉して、上川島よりもかなり広州に近い浪白澳《ランパカオ》において、交易をおこなうことを認められた。さらにポルトガル人は、華人商人の手引きで、広州まで赴いて交易をおこなったという。ソウザはポルトガル皇子への書簡で、「多くのポルトガル人が広州やその他の町へ行き、気ままに好きなように取引をおこない、何の害も蒙らず、後で述べる関税以外には何の税金も払いませんでした」と述べている（岡二〇一〇）。こうなればザビエルの入国もはるかに容易だっただろう。ザビエルの中国渡航計画は、わずかに数年だけ早すぎたのである。

参考文献

岡美穂子『商人と宣教師　南蛮貿易の世界』（東京大学出版会、二〇一〇年）

岡美穂子「ポルトガル人のアジア交易ネットワークとアユタヤ」（中島楽章編『南蛮・紅毛・唐人——十六・十七世紀の東アジア海域——』（思文閣出版、二〇一三年）

岡本良知『十六世紀日欧交通史の研究』（改訂増補版、六甲書房、一九四二年）

岸野久『ザビエルと日本——キリシタン開教期の研究——』（吉川弘文館、一九九八年）

岸野久『ザビエルと東アジア——パイオニアとしての任務と軌跡——』（吉川弘文館、二〇一五年）

河野純徳訳『聖フランシスコ・ザビエル全書簡』（平凡社、一九八五年）

河野純徳『聖フランシスコ・ザビエル全生涯』（平凡社、一九八八年）

中島楽章「一五四〇年代の東アジア海域と西欧式火器」（中島楽章編『南蛮・紅毛・唐人——十六・十七世紀の東アジア海域——』思文閣出版、二〇一三年）

中島楽章「海商と海賊のあいだ——徽州海商と後期倭寇——」（東洋文庫編『東インド会社とアジアの海賊』勉誠出版、二〇一五年）

中島楽章「胡椒と仏郎機——ポルトガル私貿易商人の東アジア進出——」（『東洋史研究』七四巻四号、二〇一六年）

山崎岳「巡撫朱紈の見た海——明代嘉靖年間の沿海衛所と「大倭寇」前夜の人々——」（『東洋史研究』六二巻一号、二〇〇三年）

邱炫煜『明帝国与南海諸蕃国関係的演変』（蘭台出版社、一九九五年）

Jorge Santos Alves (ed.), *Fernão Mendes Pinto and the "Peregrinação": Studies, Restored Portuguese Text, Notes and Indexes*, 4 Vols., Lisboa: Fundação Oriente, 2010.

Rui Manuel Loureiro, *Fidalgos, Missionários e Mandarins: Portugal e a China no Século XVI*, Lisboa: Fundação Oriente, 2000.

COLUMN

ザビエルが出会った〝悪魔〟の正体は？

藤田明良

一五四九年、日本へ向けてマラッカを発ったザビエル一行は、船上で大きなストレスを抱えていた。それは、中国人の船長や船員たちが〝悪魔〟の偶像を、絶えず供物を捧《ささ》げて熱心に崇拝し、「くじを引いて」その意志を占って航海の方針を決めているのを見ながら、それをやめさせることができないというジレンマである。彼らを悩ませた〝悪魔〟とは何か。近年、ザビエルの故国スペインで発刊されたマンガ版『フランシスコ・ザビエル』(Martinez 2010) では、船中の〝悪魔〟は、奇怪な爬虫類《はちゅうるい》のような姿だ（図1）。生地に立つザビエル城に最近オープンした展示室では、船長が祈る「偶像」は、中国でよく見かける布袋《ほてい》さんのような弥勒菩薩《みろくぼさつ》の姿をしている（図2）。とりあえず、ザビエルが日本到着後に鹿児島で作成した報告書簡を見てみよう。

まず、マラッカ海峡を抜け、南シナ海横断の最終準備のためティオマン島に寄港した時のことである。

> 作業が済むと船長たちは、たくさんの供物を捧げ、偶像の機嫌をとり、幾度も礼拝して、順風が吹くかどうかおみくじを引きました。よい天気になるから、これ以上待っていてはいけないという占いが出ましたので、錨を上げ、帆を張って出帆しました。皆、大喜びで、異教徒たちは、船尾に恭しく運び出した偶像に灯明をあげ、香木を焚いていましたし、私たちは、天地の創造主なる神とその御子イエス・キリストにお頼りして、その愛と奉仕のため、聖なる信仰を広めるために日本へ行くことを喜んでいました。（河野一九八五）

この時は、占いの結果がよかったので、ザビエルも大目に見たようである。

だが、南シナ海の洋上で、航海の行末を占った時には、そうはいかなかった。

> 航海の途中で異教徒たちは、この船が日本からマラッカへ無事帰航できるかどうか、おみくじを引きはじめました。おみくじは、日本へ行くことはできるが、マラッカへは帰れないだろうと、出ました。それで疑心暗鬼になり、直接日本へは行かずに、中国で越冬し、一年間過ごすことにしたのです。この航海で私たちが耐え忍んだ苦痛を、考えて

図1（右） マンガ版『フランシスコ・ザビエル』の“悪魔”の偶像
図2（左） ザビエル城展示室（スペイン・ナバラ州）の“悪魔”の偶像

みてください。船乗りたちは、おみくじで悪魔が言うことにしか従わないのですから。私たちは、悪魔とその族《やから》の意向に従って、日本へ行くかどうかを決めなければならないのです。

日本行きに暗雲がたちこめ、ザビエルは絶望に陥った。

さらにその後、船を襲った嵐の最中に、ザビエルの従者と船長の娘が相次いで船から落ち、娘が死亡する不幸な事件がおきた。

この事件があった日、異教徒たちは昼も夜も一日中、絶え間なく、食物や飲物を供え、たくさんの鳥を殺して、偶像に供物を捧げて、悪魔の機嫌をとっていました。おみくじを引いて、彼らは船長の娘が死んだ理由を占ったところ、もしもハッチに落ちた私たちの仲間マヌエルが死んでいたなら、娘は海に落ちることもなく、溺死することもなかったであろうというお告げが出ました。

殺気立つ船員たちを前に、ザビエルは生命の危機を感じるが、最悪の事態はなんとか避けられたようだ。

私たちの生命が、悪魔のくじと、その下僕《しもべ》の族の手中ににぎられていたことを、考えてみてください。もしも神が、悪魔の望むがままに、私たちに害を加えることを、お許しになっていたならば、私たちはどうなっていたでしょうか。

と回想し、自分たちの神に感謝している。

賢明な読者は、すでにお気づきだろう。ザビエルのいう〝悪魔〟は、イエズス会から見た異教徒である中国人の神であり、船乗りたちが厚く信仰する航海の守護神のことである。

では、当時の中国人が崇拝した航海神とは何か。少し前の一五三四年に、琉球王国へ船で派遣された中国使節の記録を見てみよう。

外洋で暴風に遭い、帆柱が折れ舵も壊れた。船員は動かなくなり、大声で天妃に救いを求めるだけだ。使節たちもひれ伏して祈った。すると果せるかな、紅い光が船に灯った。船員たちは、天妃がきた、われわれは助かるぞと、互いに叫んだ。船は少し安寧を取り戻した。（陳一九九五）

ここに「天妃」として登場する神は、現在は「媽祖《まそ》」と呼ばれる女神のことである（図3）。

媽祖は、福建省莆田《ほでん》市にある湄州《びしゅう》島の林氏の娘が昇天して神になったと伝える。海上の救難に霊験《れいげん》ありとして、宋代から莆田地方の船乗りや漁民が信仰し、港に廟《びょう》を建立した。皇帝からも、「林夫人」「崇福夫人」（宋）、「天妃」（元・明）、「天后」「天上聖母」（清）に封号され、中国を代表する航海神となったのである。船中に「船頭媽」と呼ぶ小型の媽祖像を祀《まつ》り、航海中に日夜祈りを捧げる習慣も古くから行われた。長崎のランタン祭りの媽祖行列は、江戸時代に入港した中国船から媽祖像を上陸させる「菩薩揚《ぼさあ》げ」が、もとになっている（図4）。

　ザビエルが見た航海中に占いで神意を仰《あお》ぐ行為も、同じ記録の続きに登場する。

図3　船に安置されていた媽祖像（個人像）

図4　江戸時代長崎の「菩薩揚げ」（長崎歴史文化博物館蔵）

船内では舵の取り替えをめぐって意見がまとまらない。珓《こう》によって天妃に問うと吉兆がでたので、船員たちはやる気を出し、壊れた舵を抜き取る作業を始めた。舵柄の重さは約二千餘斤、いつもなら百人でも足りないのだが、この時は数十人で簡単に持ち上げることできた。しかも風浪もピタッと止んで、あっという間に取り替えができた。完了後、風浪がまた激しくなる。神明の助けは、まごうことはなかった。

　ここで、「珓」（筊とも書く。北京語でジャオ）というのは、二つ一組の杯珓（ベイジャオ）を使用した占いのことだ（図5・6）。二つを投げて、表と裏が出れば「吉」、両方が表なら「凶」、両方が裏なら「もう一度」ということになる。台湾などでは「ポエ」と呼ばれ、現在も諸廟で広く行われる占いだ。杯珓は木や竹で作られるが、元来は貝殻を投じたともいわれている。

　「珓」は、港の媽祖廟でも行われていた。莆田の海口に立つ「林夫人廟」では、地元の海商たちが出港時の祈祷の際に、必

図5　台湾の媽祖廟での占いに用いる「杯珓」

図6　台湾の媽祖廟での「珓」

ず杯珓で神意を占ったという。また、海外から帰郷する福州商人の船が、莆田に寄港した際に近海に潜む賊船の情報を聞き、船長たちが「崇福夫人廟」に詣《もう》でて占うと、「三吉珓」が出たので神意を信じて出港、賊船と遭遇するも神助により事なきを得たという。「三吉珓」は三回続けて「吉」が出ることで、いずれも十二世紀末に成立した『夷堅《いけん》志《し》』という書物に載る話である。

このように媽祖の神前での占いは、古くから杯珓を投じる「珓」であった。日本へ向かう船上の〝悪魔〟の偶像が媽祖像であるなら、ザビエルを悩ませた占いも、この「珓」であった可能性が高い。だが、報告書簡には「おみくじを引く」と書かれている。中国にも「抽《ちゅう》籤《せん》」というおみくじと同じ占いがあるので、もう少し検討が必要だ（図7・8）。

この報告書簡は、ザビエルが母国のスペイン語で随行者に口述筆記させたものだ。まず原文を見てみよう。書簡の「おみくじを引く」は、原文では〝hechar suertes〟となっている。現代スペイン語の綴りでは〝echar suertes〟だ。〝suertes〟は、名詞の〝suerte〟の複数型で「運命」や「幸運」、さらに「くじ」という意味がある。日本のスペイン語辞書では、〝echar suertes〟は、たしかに「籤《くじ》を引く」となっている。だが、動詞の〝echar〟は、本来「投げる」「放る」という意味である。たとえば、「賽《さい》は投げられた」は、スペイン語では、〝La suerte esta echada〟となる。最近は「くじをして決める」という訳にしている辞書もある（宮城一九九九）。

「なんだ、そういうことか」と思われた読者も多いだろう。つまり、神意によって物事を決めたり、運命を占ったりする際に、日本語では「引く」という表現がよく使われるが、スペイン語では「投げる」という表現が一般的だということだ。『新約聖書』の有名な十字架に磔《はりつけ》にされたイエスの衣服を、兵士たちが山分けする場面も、日本語訳では、「それから、兵士たちはイエスを十字架につけて、その服をわけあった。だれが何を取るかをくじ引きできめてから」となるが、スペイン語版では、〝Y le crucificaron, y repartieron sus vestiduras, echando suertes sobre ellas para ver qué se llevaría cada uno.〟となり、挿絵の兵士たちは賽を投じている。

そもそも西洋の賽（サイコロ、ダイズ）は、動物の距骨《きょこつ》（脚首の骨）を投じる占いに由来しているといわれ、各地のローマ時代の遺跡からは、占いに用いられた距骨が出土している。

何かを投じて、物事を決めたり占ったりする習慣は、ザビエルにとって身近なものであった。それゆえに、中国人たちの「珓」を“(h)echar suertes”と表現したのだろう。逆に、キリスト教にとって敵である異教徒の神・媽祖は、悪魔“demonio”と表現され、現代のスペインでも、その線に沿って可視化・再現されているのである。だから、「くじを引く」という日本語訳も、誤訳というわけではない。ガラガラ回して玉を出す抽選でも「福引き」と言うように、私たちにとって「引く」という語は、神意・天意によって何かを決める行為を表す最も一般的な表現であり、日本で最もしっくりくる立派な意訳といえよう。

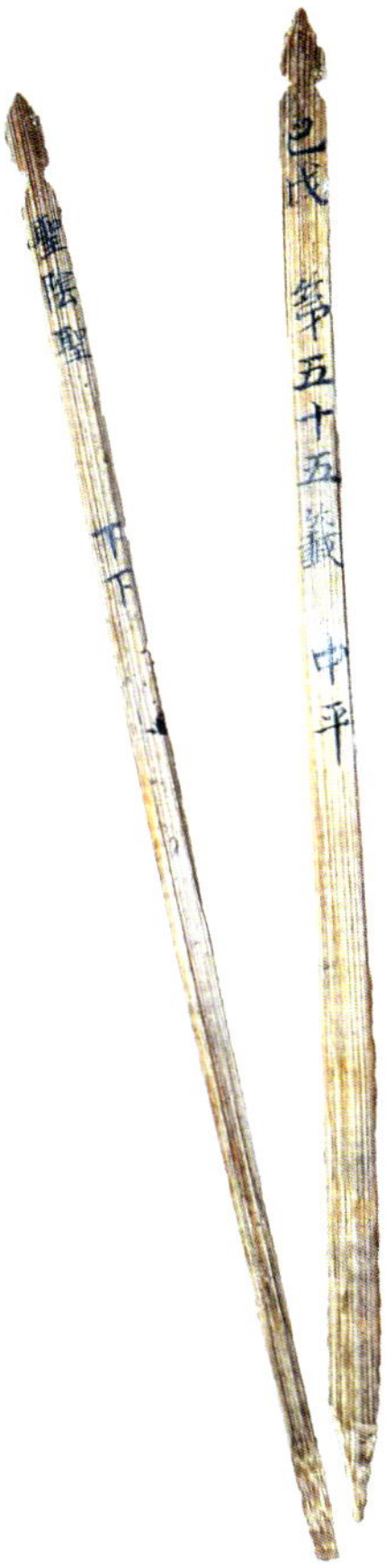

図7　天上聖母（媽祖）の抽籤（聖福寺蔵、長崎市）

図8　天上聖母（媽祖）の抽籤箱（聖福寺蔵、長崎市）

しかし、ザビエルの書簡を、「地球史」の史料として研究するなら、信仰による宗教観の相違や国々の言葉の壁を取り払う必要がある。西洋の歴史や言語、キリスト教の研究者たちと、ユーラシア東部の海域史の研究者たちが、タッグを組む必然性がここにある。「悪魔」を「媽祖」に、「おみくじを引く」を「珓杯を投げる」と変換して、もう一度ザビエルの書簡を読んでほしい。宗教や国家の枠組みを相対化する新しい歴史像が見えてきませんか。

参考文献

河野純徳訳『聖フランシスコ・ザビエル全書簡』（平凡社、一九八五年、引用は全て同書による）
陳侃著、原田禹雄訳注『使琉球録』（榕樹社、一九九五年）
宮城昇ほか編『現代スペイン語辞典　改訂版』（白水社、一九九九年）
ビザンテ・ゴンザレス・一色忠良編『西和辞典』（エンデルレ書店、一九八六年）
Miguel Berzosa Martínez, *Francisco de Javier*, Bilbao, Ediciones Mensajero, 2010.

Ⅱ-3 アジアにおけるザビエルと周辺の人々

岡 美穂子

はじめに

一五四一年四月七日、インドへ旅立とうとするザビエルが、ポルトガル国王ジョアン三世に別れを告げる場面を描いたレイノーゾの図1（本書14頁、3）は、ザビエルがポルトガルの布教保護権（パドロアード／パトロナート）の下、海外布教に従事し、ポルトガルの進出先での原住民を教化したイメージを強調するのにしばしば利用される。

布教保護権とは本来、支配地域における教会の聖職者の任命権を、国王がローマ教皇から与えられる代償として、教会の維持に対する費用を国王が負うというものであった。ポルトガル、続いてスペインの海外進出が始まると、terra incognita（未知の土地）発見争いの熱が、両国の間で高揚した。進出先での両国の紛争を平和的に解決する目的で、教皇子午線（一四九三年）が地図上に引かれ、大西洋上の両国の優先支配地域の境界が一応決着した。その後、トルデシリャス条約（一四九四年）、ザラゴザ条約（一五二九年）を経て、机上の地図上では、世界が両国のいずれかの支配優先地域として、教皇承認の下、分割されたのである。

十五世紀初頭からアフリカ北岸セウタの攻略、アフリカ内陸部の探検、大西洋上の島々の発見、さらにはアフリカ西沿岸部の航路の開拓を経て、一四九八年にインド洋へ抜ける喜望峰《きぼうほう》回りのルートを確立したポルトガルは、アフリカ、アジアをその支配範囲として自認していた（図2）。一五五八年、大友義鎮《よししげ》に宛てたジョアン三世の孫セバスチャン国王の書簡では、冒頭に「ポルトガルおよびアルガルヴェの国王にして、

図1　アンドレ・レイノーゾ「フランシスコ・ザビエルの生涯」3「インド宣教への船出を前にポルトガル国王ジョアン3世に暇乞いをするザビエル」

図3　バルトロメオ・ベーリョ『世界航海図（アジア）』　1561年（フィレンツェ 科学史博物館蔵）

ギネー領主、エチオピア、アラビア、ペルシア、インド等の占領地、航海、商業の支配者」としての自身の立場が明確に言及される。すなわち、これらの地域における布教保護権は、建前上、ポルトガル国王に属するものであった。

　とはいえ、ジョアン三世がアフリカ・アジア地域（図3）の諸民族をキリスト教化することを目的に、ザビエルを派遣することにしたという通説は、必ずしも全肯定し得ないものである。岸野久氏は、ポルトガル人の要塞や支配都市滞在中に、ザビエルが国王宛てに送った書簡からは、ザビエルが異教徒の改宗よりもむしろ、カザードと呼ばれる現地定住のポルトガル人と彼らの現地人パートナー、そしてその間に生まれる子供たちの霊的指導を最優先に考えていたことを指摘する（岸野二〇〇八）。そしてその方針は、一五四六年五月十六日付のザビエルが国王ジョアン三世に

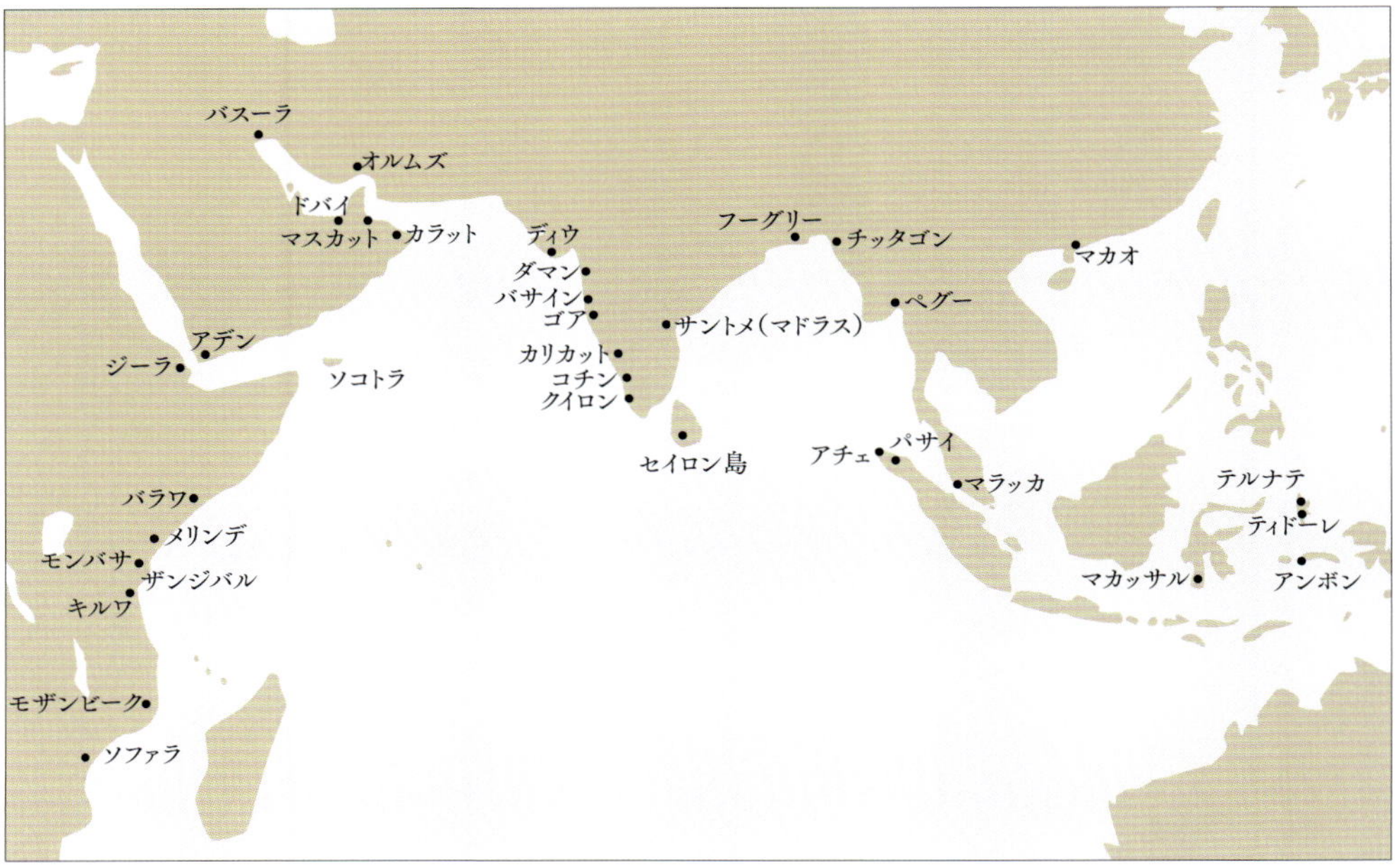

図2　ポルトガル人が拠点を置いたアジアの港町

図4　ゴア市の正門

図5　正門上に置かれたキリスト教徒がイスラーム教徒を制圧する象徴像

宛てた書簡の内容からみて、ザビエルの独断ではなく、ジョアン三世との合意事項であったと思われる。

一、ザビエルが見たインド在住ポルトガル人の宗教生活

● 在外ポルトガル人の宗教生活

一五四六年付のその書簡には、インドに居住するポルトガル人の宗教生活について、詳細な記述がある。

インド地方では説教者が足りないために、私たちポルトガル人のあいだでさえも、キリストの聖なる信仰が失われつつあります。（中略）（その原因は要塞のポルトガル人が）未信者たちと絶えず商取引をしているために信仰が薄く、贖い主、救い主であるキリストへの信仰よりも、しばしば物質的な利益のみを念頭に置いているからです。ポルトガル人と結婚しているインド婦人たちや混血児たちは、自分たちの血統はポルトガル人であるが、キリスト教とは無関係だと言って平然としております。（中略）インドで必要とする第二のことは、こちらで生活している人たちが善良な信者となるために、陛下が宗教裁判所を設置してくださることです。こちらではモイゼの律法に従って生活する（ユダヤ教徒）やまたイスラム教の宗派に属している者たちが、神への恐れや世間への恥じらいなしに平然と生活しております。そしてこれらの人びとが大勢、しかもすべての要塞に散らばっておりますので、宗教裁判所や多くの説教者が必要です（後略）。

（河野一九八五）

右の記述からは、インド在住のポルトガル人の中には、多数のコンベルソ（イスラーム教やユダヤ教からの改宗キリスト教徒）がおり、監視が緩いために、公然と元の信仰に戻る者がいたという事実が明らかになる（図4・5）。

この書簡は、ゴアへの宗教裁判所導入をザビエルが提言したものとして、しばしば引用される。しかし、実際の宗教裁判所設置は一五六一年のことであり、王位もジョアン三世から孫のセバスチャン王とカタリーナ王妃の後見時代へと代替わりしてい

るから、ザビエルの提言がゴアの宗教裁判所開設と直接の因果関係にあるとは言い切れない。というのも、ポルトガル領内における宗教裁判所制度の重点化を図ったのは、ジョアン三世の死後、王政の権力を掌握した王妃カタリーナ（神聖ローマ帝国［ハプスブルグ朝スペイン］カールの妹）と、同じくセバスチャン王の後見人であったジョアン三世の弟エンリケ枢機卿《すうききょう》であったと言われているからである。すなわちジョアン三世にはこの言説を提言されるも、すぐには積極的に実現しえない事情があった。すなわちジョアン三世治世当時、いまだポルトガルの海洋貿易はアントワープにあったコンベルソを主体とするポルトガル商館の働きに負うところが多く、その親族などが活動するインドでのコンベルソの取り締まりには慎重を要する必要があったからである。

　宗教裁判所の設置を要請したザビエルの言説は、その死後まもなく始まった「殉教者ザビエル」に対する賛美を、ポルトガル当局が利用して、ゴアの宗教裁判所導入を正当化するために利用され、定着したものではなかっただろうか。いずれにしても、ヴァスコ・ダ・ガマがインドに初めて到着した際、カリカット王（ザモリン）にその来航の目的を尋ねられ、「スパイスと魂（キリスト教への改宗者）を求めて」と返答したという逸話が常に引き合いに出される「ポルトガルのアジア進出」は、実際のところ、現地のポルトガル人にしても、別段敬虔《けいけん》なキリスト教徒ではなかったことを示している。

●ゴアの異端審問所

　ゴアの異端審問所がその処罰の対象とする主なものは二つあった。第一には、ポルトガル人のコンベルソで、王国の厳しい宗教統制を逃れてインドへ渡り、現地で元の宗教に立ち返った者たちである。第二には、現地人で、キリスト教に改宗したにもかかわらず、旧来の信仰を維持する「異端」と見做《な》された者たちであった。十六世紀末にゴアに滞在したリンスホーテンによれば、現地人のキリスト教徒は通常、二重・三重の信仰形態にあったという（リンスホーテン一九六八）。イエズス会士たちが布教を展開したアジアの他の地域でも、概《おおむ》ね同じ現象が生じた。

　中国や日本での布教活動において、イエ

図6　ゴアの異端審問所跡広場（中央は記念碑）

図7　ゴアの異端審問裁判

ズス会士たちは「適応主義」を採り、キリスト教の教義説明に仏教用語やそれを素地とした教養解説がおこなわれ、中国では過度の「適応主義」が昂《こう》じて、いわゆる「典礼論争」にまで発展するなどの現象が見られた。それに対してインドでは、イエズス会だけではなく、フランシスコ会やアウグスティノ会等、跣足《せんそく》修道会の他派の修道士たちも多数活動しており、日常的な霊的指導の対象は、主に現地在住のポルトガル人とその家族、召使、奴隷等が中心であったので、過度な「適応主義」を導入するには至らなかった。それでもインドにおけるイエズス会士たちの原住民への布教方法は、他の修道会からの批判の対象であった。

宗教裁判所はゴアの市中心部に設置され（図6）、ポルトガル人や現地人の「異端者」たちが捕えられ、宗教裁判にかけられ処罰されるようになると（図7）、ゴア在住コンベルソのポルトガル人は、王国の権力が及び難いさらなる遠隔地、マラバル海岸南部のコチンやその先の香料貿易の拠点マラッカへと移動することになる。

コチンは紀元一世紀のローマ軍によるエルサレム陥落とユダヤ王国の崩壊以来、離散するユダヤ人を迎えてきた都市であり、彼らはコチンの商業機能を担う重要な存在であった。このようなコチンに数世紀にわたって流入し、現地人と混血化してきたユダヤ人は「マラバル・ユダヤ人」と呼ばれ、十六世紀以降、新たにイベリア半島などから亡命してきたユダヤ人は彼らと区別して「パラデシ・ユダヤ人」と呼ばれた。コチンとマラッカはポルトガル人の商業・航海ルート上、ダイレクトに繋がっており、マラッカ＝ゴア間を往来する船も、ゴアへ入港する前にコチンに立ち寄るのが慣例であった。

二、ザビエルの時代のコンベルソの修道士たち

ザビエルの活躍した時代、本国における異端審問と社会的な迫害を理由に、ポルトガル領インドにおけるコンベルソ人口は急増した。そのようなコンベルソの中には、修道・宣教志願者も少なからずあった。イエズス会の創設者イグナティウス・デ・ロヨラは、イエス・キリストがユダヤ民族であったことを表向きの理由に、ユダヤ教徒からの改宗者の入会に積極的であった。その背景には、コンベルソの財力の吸収や知的エリートの取り込みの思惑が存在したであろう。結果として、ヨーロッパのイエズス会の役職者や学院の院長、教職などには、知的エリートのコンベルソたちが多く迎えられた（Rastoin 2007; Maryks 2010）。そもそも、イエズス会内部のコンベルソの重要性を最初に指摘したのは、『インド史料集 Documenta Indica』の編纂者で、二十世紀のイエズス会歴史学の大家ヨゼフ・ヴィッキであった（Wicki 1977）。

ヴィッキによると、ザビエルはインドにおけるコンベルソの入会には、その精神的な適性を考慮して慎重であるべきとの意見であった。しかしその発言の裏には、インドには、イエズス会入会志願者のコンベルソがそれほど多くいたという事実がある。その多くは、商人や兵士であり、後述するフェルナン・メンデス・ピントのように、入会後しばらくして退会してしまう者も少なからずいた。

● 他修道会からの入会者

エンリケ・エンリケス

ザビエルがインドにおける布教を開始し

た折、その片腕となったイエズス会士にエンリケ・エンリケスがいた。エンリケスはポルトガルのヴィラ・ヴィソーザの出身で、裕福なコンベルソの家系に生まれた。はじめフランシスコ会の修道院に入ったが、ポルトガル国内で「血の純血主義（ユダヤ人排除）」を求める社会運動が激しくなった一五四〇年代、フランシスコ会を退会し、コインブラに新設されたイエズス会のコレジオに入学した。その後、一五四六年にインドへと旅立ち、ザビエルの指揮下、主にマラバル海岸でのインド人に対する宣教活動に従事した。

　エンリケ・エンリケスは、宣教は現地語でおこなわれるべきとの強い意識を持ち、キリスト教徒のための初歩的教理書（日本語のいわゆる『どちりな・きりしたん』）をタミル語に翻訳・印刷、さらにはタミル語＝ポルトガル語辞典の編纂に従事した。エンリケ・エンリケスの実践していた現地語主義は、東インド巡察師アレッサンドロ・ヴァリニャーノが提唱した「適応方針」にも適《かな》うところであり、ヴァリニャーノのインド滞在期間、エンリケスは万事において重用された。エンリケスは、インド布教の初期、マラバル海岸地域のイエズス会員をまとめる上長になるよう、ニコラオ・ランチロットから推薦されたが、「自分は新キリスト教徒であり、ポルトガル人たちは新キリスト教徒が他のパードレたちを差配する職務に就くのを見て、憤慨するであろう」（岡二〇一三）と述べ、上長になることを何度も断っている。エンリケスはコンベルソとは言っても、いわゆる知識階級の出身であり、兄のマヌエル・ロペスはスペインでイエズス会の主要な教育機関、アルカラ・デ・エナーレス学院（後に大学）の要職についていた。とはいえ、エンリケスのコンベルソの出自に対しては、ポルトガル人の官僚たちからの差別の対象であったことが先の記述からも判明する。

アフォンソ・デ・カストロ

　ザビエルが活動を共にしたイエズス会士で、コンベルソ出身であったと知られているのは、エンリケスの他にアフォンソ・デ・カストロ（マルク諸島で布教）、アントニオ・ディアス（インドで活動）である。アフォンソ・デ・カストロは、一五二〇年にリスボンの富裕な宝石商の家に生まれた。一度フランシスコ会に入会したものの、やはり「血の純血主義」に起因する差別を原因に退会し、イエズス会に再入会した。ザビエルの布教活動の補助として一五四七年にインドへ送られ、ザビエルからモルッカ布教を託された。リスボンにおいてすでにカストロはザビエルと面識があった。しかし、モルッカ諸島での布教活動は困難を極め、一五五七年にはテルナテで現地人に捕えられ、処刑された（Maryks 2010）。カストロの「殉教」は、当時アジアで布教活動に従事していたイエズス会士たちには衝撃的な出来事であり、日本のイエズス会士たちの書簡にも、たびたびカストロの死が言及されている。

　カストロとエンリケスには、イエズス会入会以前は、フランシスコ会士であったという共通点がある。いずれもザビエルのカリスマ性とイエズス会のコンベルソに対する寛容性に惹《ひ》かれて、所属修道会を離脱したと思われる。ザビエルに同伴して来日し、十八年間にわたって日本布教の上長を務めたコスメ・デ・トルレスに関して、その出自に触れた研究はないが、元々は他修道会（詳細不明）に所属していたにも関わらず、ザビエルの薫陶《くんとう》を受けてイエズス会入会に至る経緯が、エンリケス、カストロに類似しているとも言える。もし仮に、トルレスがコンベルソであったと考えるならば、彼がヴァリニャーノ来日以前にすでに採っていた日本文化への適応も、その精神の複層性に由来したかもしれないと考えるが、その可能性を立証しうる史料を筆者は知らない。

図8　オールド・ゴア全景

　以上は、元々他修道会の聖職者あるいは修道士で、ザビエルの薫陶下、イエズス会に入会し、アジアでの布教活動に従事した者の例である。先述のように、アジアでのイエズス会入会者は、元々商人としてアジアへ渡り、現地で修道生活に入る者も少なくなかった。次に、元商人から修道士に転向した者たちの例を考えてみよう。

● 商人からの転向者

　インドにとどまらず、日本布教の初期においても「新キリスト教徒」の出身で、布教活動に重要な功績を残したイエズス会士は複数いる。九州の布教に多大な功績を残したルイス・デ・アルメイダ、同様の経歴を持つ修道士アイレス・サンチェス、後に退会するものの、ザビエルの影響でイエズス会修道士になったポルトガル商人フェルナン・メンデス・ピント等である。アルメイダ、サンチェス、ピントに共通しているのは、いずれもコンベルソで（ピントに関しては実証史料はなく、情況証拠であるが）、元々はマラッカ以東の東アジア海域で活動した商人たちであったという点である。当時の東アジア海域を跋扈《ばっこ》するポルトガル人には、彼らに限らず、非常に多くのコンベルソがいたと考えられ、初期のマカオ社会もそのような人々に支えられていた。

　一五七九年十一月十五日付のイエズス会の内部告発文書には、インドで宣教に従事するイエズス会士の一部に、コンベルソ出身の者がいることの弊害と、彼らの現地在住ポルトガル商人たちとの結びつきが問題視された内容のものがある。その中で、中国広東省の港町マカオに住むポルトガル人商人六〇〇人のうち、半数以上が、異端容疑の強い改宗者であったことが明言されている（岡二〇一三）。

　既述のように、ゴア（図8）に宗教裁判所が設置され、インドでのコンベルソに対する風あたりが厳しくなると、コンベルソの商人たちは、コチン＝マラッカを結ぶルートでさらに東へと移動し、最終的にはポルトガルの司法が及ばない「中国の港」に定着するものが激増した。無論、彼らがマカオに定着するに至るには、ポルトガル官憲の目が届かないという理由だけではなく、そこが日本＝中国間の貿易で潤う、アジア随一の一攫《いっかく》千金を狙える港町であったことが背景にあろう。

フェルナン・メンデス・ピント

フェルナン・メンデス・ピントがコンベルソの出自であると指摘したのは、アメリカのピント研究者レベッカ・カッツである。確かにメンデスという姓はイベリア半島で最も有力なコンベルソとして知られたメンデス＝ベンベニステ一族と共通している。しかしながら同時代のイエズス会文献では、後述するルイス・デ・アルメイダの場合とは異なり、ピントがコンベルソであったことに言及するものはない。むしろ、ピントがイエズス会士であったという情報すら、抹殺された感がある。

図9　メンデス・ピント『東洋遍歴記』初版（リスボン国立図書館蔵）

　フェルナン・メンデス・ピントは、一五四四年頃から日本および中国沿岸部での活動に従事した商人であった。「自伝的小説」と評される『東洋遍歴記』（図9）では、種子島来航時のことが詳しく語られる。また、一五五〇年前後からは、同海域で最も勢力の強いポルトガル商人ドゥアルテ・ダ・ガマの船の乗組員であった。『東洋遍歴記』後半は、「ザビエル伝」になっており、そこからはピントとザビエルが深く交わる機会があったことが察せられる。実際に、ザビエルの一五五二年一月三十一日付書簡では、山口に修院を誂《あつら》えるために、三〇〇クルザードをザビエルに貸し与えたとあり、その功績が讃えられている。ピントは上川島で没したザビエルの遺骸がゴアに運ばれた折、ちょうどゴアに滞在しており、その際に啓示を得て、イエズス会入会を志願した。その後、東アジア海域、日本を熟知している経験を買われ、メルシオール・ヌーニェス・バレトに随行して日本へ到着した。実際にピントは豊後国主大友義鎮とも旧来の面識があり、ピントが名目上「インド副王大使」として謁見《えっけん》し、インド副王からの贈答品を渡しても特段奇異とは思われなかったようである。

　ピントはインドに帰還後、一五五八年にイエズス会を脱会し、その後のイエズス会記録からは抹消された。ポルトガルへ帰国した後は、リスボン対岸のアルマダに住み、『東洋遍歴記』の原稿を執筆し、一五八三年に没した。同書が刊行されたのは一六一四年のことである。ピントの『東洋遍歴記』は誇大表現や事実の歪曲があることは否定できないものの、そこに鮮やかに描かれる当時のアジア海域の様相はピントが実体験したものであるに相違なく、歴史資料としての価値も近年見直されている。

ルイス・デ・アルメイダ

ドゥアルテ・ダ・ガマは一五五〇年から一五五五年まで、主に上川島＝平戸のルートをほぼ毎年往来したポルトガル人の私貿易商である。ただし、一五五四年に日本へ来航したか否かは定かでない。一五五一年は豊後に、翌年は鹿児島に来航している。ザビエルを帰路、豊後から上川島まで運んだのは、一五五一年のことであった。岡本良知作成「至一五九〇年日本来航ヨーロッパ船一覧」には、一五五〇年〜一五五五年まで往来したポルトガル人の商船としてガマ船のみが挙げられるが、同時期はポルトガル人の私貿易が大いに賑わった時代であるから、ガマの他にも華人船で日本＝中国間を往来するポルトガル人商人は存在したであろう。しかしながらイエズス会の記録からも、ガマがこの頃の日本＝中国間を自前の大型船（ナウ）を率いて交易する、ただ一人のポルトガル人有力海商であったと考えて差し支えないであろう。

ルイス・デ・アルメイダは、ピントと同じく、このガマの配下の乗組員であったが、ガマグループの小型船舶の船長を任され、中国＝マラッカ沿岸を航海していた可能性もある（岡二〇一〇）。ガマ船は一五五〇年七月、ザビエルが平戸に滞在していた時期に、同港に入港し、ザビエルは乗組員たちの懺悔《ざんげ》を聴いた。このときに、アルメイダとザビエルが出会ったという確証はない。アルメイダが、俗世を棄てて、イエズス会の修道士になるという選択に影響を与えたのは、ザビエルの後継のイエズス会士たちの活動を巡察する目的で来日したメルショール・ヌーネス・バレトであった。一五五五年に来日したバレトは、本来イエズス会のインド管区において重要な役職を担う予定であったが、ザビエルの書翰を通じて知った布教地日本への憧憬を捨てきれず、来日を決意した。とはいえ、インドからの渡航中、何度も暴風、遭難、沈没を経験し、マレー半島のジョホール島付近でアルメイダの船に救出された。さらには、バレトが一五四九年（朱紈《しゅがん》の双嶼《そうしょ》討伐）以来、広州の監獄に囚《とら》われていたポルトガル人虜囚《りょしゅう》の解放交渉を目的に、広州へ赴いた際、同行したのもアルメイダであった。ただし、この時期、書き分けはされないものの、イエズス会と関わるルイス・デ・アルメイダという名の同姓同名の商人が二人いたという説もあり、バレトの書翰に登場するルイス・デ・アルメイダがすべて同一人物ではない可能性もある。

とはいえ、いずれかのルイス・デ・アルメイダという青年が、バレトに（あるいはザビエルにも）出会い、商人・船乗りとしての生活を棄て、自身の財産四〇〇〇ないし五〇〇〇クルザードをイエズス会に寄進してその身を投じた事実は、その後の日本のキリスト教布教に大きな影響を与えることになった。

一五六二年の大村純忠《すみただ》にはじまる九州の戦国大名の受洗は、基本的にアルメイダの指導の下でおこなわれたからである。さらにアルメイダは、自身の財産を旧知の商人たちに託して始めた貿易で、イエズス会の経済基盤形成を図った。イエズス会のアジア布教において、冒頭の布教保護の問題は建前的な部分があり、ポルトガル国王からの給付金はインドを経由して送られるため、日本にまでは届かず、日本社会の混乱ゆえに、現地の領主から与えられる俸禄《ほうろく》も、ほとんど満足に得られなかった。

そのため、布教開始期は、ポルトガル人商人個人からの喜捨《きしゃ》にその活動費を依存していたが、アルメイダの貿易参画によって、日本布教の安定した基盤が整えられていった。無論、宣教師たちが商人のような活動をすることに対し、内外からの強い批判が存在し続けたが、実際には貿易への介入なくしては、日本での布教活動は継続不可能だった。受洗する領主たちの関心は、領内における南蛮船との取引、あるいは火薬・武器などの輸入品をできるだけ有利に入手することであったからである。

アルメイダの功績は、領主の授洗のみならず、布教経済基盤の形成、慈善活動の基盤づくりなど、多岐にわたるが、一五八二年まで、司祭（パードレ）ではなく、その補助的な役割とみなされる一修道士（イルマン）であった。その背景には彼の功績が多分に世俗的であると考えられていたことに加え、フランシスコ・カブラルが記すように、コンベルソの出自に起因したと考えられる。アルメイダの司祭への叙階を強く主張したのは、来日後アルメイダの多大な功績を認識した巡察師アレッサンドロ・ヴァリニャーノであった。

アイレス・サンシェス

ヴァリニャーノがアルメイダと同時期に、司祭への叙階を承認した修道士にアイレス・サンシェスがいる。アイレス・サンシェスの経歴は、アルメイダほど詳細には分からないが、彼がコンベルソの出身であったこと、ヴィオラ・ダ・ガンバのような楽器演奏の素養があったこと、商人からイエズス会に入会した時は、アルメイダよりも年上の三十三歳であったことなどが知られている（Wicki 1977）。サンシェスは商人として来日し、ザビエルの後継として日本布教の黎明《れいめい》期に、現地の状況・文化に則した布教方法を認めたコスメ・デ・トルレスによってイエズス会員として迎えられた。その後、アルメイダが設立した豊後府内の病院で補助医師として働き、修院で養育する子供たちの世話、教育などに従事した。

三、ザビエルの友「ならず者」の商人たち

メンデス・ピントやルイス・デ・アルメイダが従ったドゥアルテ・ダ・ガマという大商人以外にも、ザビエルの東洋布教において、重要な役割を担った大商人がいる。のちに「マカオの王」と呼ばれることになる、ディオゴ・ペレイラとその弟ギリェルメ・ペレイラである。ザビエルは滞在先においてポルトガル王国に貢献する働きをするポルトガル人、とくに自分の友人や便宜を図ってくれる人物の功績を、細々と国王ジョアン三世に書き送った。なかでも、ザビエルの中国布教計画に不可欠の存在であったのが、ディオゴ・ペレイラである。日本布教を経験した後、ザビエルはペレイラをインド副王派遣の中国使節大使とする計画を立案し、各方面に政治的な働きかけをおこなった。しかし、ペレイラを大使とする計画は、当時病床にあったマラッカ長官ドン・ペドロ・ダ・シルヴァの弟で、次期マラッカ長官職を継ぐことが確実視されていたアルヴァロ・アタイーデの「嫉妬《しっと》」による策略により頓挫《とんざ》した。そのためザビエルは一人、華人船で中国へ向かい、上陸する機会を伺いながら、上川島で没したのである。

ヴァスコ・ダ・ガマの息子であったアタイーデがディオゴ・ペレイラを忌み嫌ったのは、ペレイラが貴族や郷紳《きょうしん》層の由緒正しい家柄ではないこと（その出自はアゾーレス諸島のファイアル島ともいわれる）に加え、アジアでの軍功と商才によって一代で財を築き、多くの部下を抱えて、マラッカを経由しないスンダ＝中国間の私貿易をおこなっていたこと、アタイーデが借金を申し出たにもかかわらず、それを拒否したこと、その人望に対する嫉妬など、複数の原因が推察される。実際、ペレイラが成り上がり者で、ポルトガルのエスタード・ダ・インディアの官僚たちから煙たい存在であったことは、その時期の複数の史料から確認さ

れる（岡二〇一〇）。

前述のように、ペレイラのグループは、漳州《しょうしゅう》沖の双嶼において、密貿易をおこなう華人海商と取引していた折に、朱紈率いる明官軍の討伐に遭い、多くの部下が捕らえられ広州の牢《ろう》に繋がれていた。すなわち、ペレイラがザビエルに随行して、中国入国を試みた背景には、自らの部下たちの解放交渉という目的もあったのである。ザビエルはその死の直前にも、ペレイラに書簡をしたためているから（書簡第一三六）、両者の間に存在した深い精神的紐帯《ちゅうたい》と、共に中国へ入国できなかった無念は、想像して余りあるところである。

おわりに

本稿では、東アジア海域における宣教師と商人の関係の具体例をいくつか示すことで、この地域におけるキリスト教の布教が、必ずしも国家による「布教保護」に裏打ちされたものではなく、むしろ宣教師や商人たちの、航海中や現地社会での生活を共有することによって形成された繋がりを基盤に展開されたことを明らかにした。そして、ザビエルの活動を支えた人々の中には、ポルトガル本国から逃避してきたり、かつて所属していた修道会から排斥されて、イエズス会に入会した者たちが少なからずあったことにも言及した。そういった意味で、ザビエルの活動の実態は、ポルトガルの大航海時代と国家的なキリスト教布教推進とは相反するものであったともいえる。

であるにもかかわらず、ザビエルに代表されるアジアにおけるキリスト教布教に付随するイメージが、「国家としてのポルトガル」と密接な関わりをもって描かれがちなのは、ザビエル没後のポルトガル領インドの経営において、ザビエルの殉教者・偉大な聖人としてのイメージや伝えられる言動が、宗教統制を含めたポルトガルの統治において「神話」として利用された結果でなかったろうか、と考えている。

参考文献

岡美穂子『商人と宣教師　南蛮貿易の世界』（東京大学出版会、二〇一〇年）

岡美穂子「大航海時代と日本――イエズス会のアジア布教とコンベルソ問題――」（豊島正之編『キリシタンと出版』八木書店、二〇一三年）

河野純徳訳『聖フランシスコ・ザビエル全書簡』（平凡社、一九八五年）

岸野久「要塞都市マラッカにおけるザビエル」（ザビエル生誕五〇〇年記念シンポジウム委員会編『ザビエルの拓いた道――日本発見、司祭育成、そして魂の救――』南方新社、二〇〇八年）

リンスホーテン著、生田滋訳『東方案内記』（岩波書店、一九六八年）

Wicki, Josef S.J., "Die "Cristãos Novos" in der Indischen Provinz der Gesellschaft Jesu von Ignatius bis Acquaviva", *Archivum Historicum Societatis Jesu*, no.92,1977

Maryks, Aleksander Robert, *The Jesuit Order as a Synagogue of Jews: Jesuits of Jewish Ancestry and Purity of Blood Laws in the Early Society of Jesus*, Brill 2010.

Rastoin, Marc, "From Windfall to Fall- the converso in the Society of Jesus", Thomas Michel (ed.), *Friends on the Way*, New York, Fordham University Press, 2007.

図版出典

図3　Mihoko Oka, "Elusive Islands of Silver: Japan in the Early European Geographic Imagination" Kaeren Wigen, Sugimoto Fumiko, Cary Karakas (eds.), *Cartographic Japan: A History in Maps*, Chicago University Press, 2016.

図7　Picart, *The Ceremonies and Religious Customs of the Idolatrous Nations*, 1733.

Ⅱ-4　ザビエルが訪ねた戦国三都市（鹿児島・山口・府内）・三大名

鹿毛敏夫

はじめに

　フランシスコ・ザビエルは、一五四九年六月二十四日にマラッカを出帆し、同年八月十五日（天文《てんぶん》十八年七月二十二日）に鹿児島に上陸した。日本に滞在したのは、一五五一年十一月十五日（天文二十年十月八日）までの二年三ヶ月の期間に過ぎないが、この間にザビエルは、鹿児島から平戸、山口、堺、京都、そして最終滞在地の府内（大分市）まで、西日本の主要都市を精力的に廻って宣教活動を繰り広げている。十六世紀半ば、天文年間末期の日本は、いわゆる戦国時代の後期にあたり、列島各地に群雄割拠する戦国大名が、軍事的な合戦のみならず、政治的にも経済的にもしのぎを削り合った時期である。

　京都の天皇や室町将軍の力が衰え、逆に列島各地に割拠する大名の政治力が強大化した戦国後期日本において、ザビエルはどのように布教活動を推進し、また、それを受けた諸大名はいかに対応しようとしたのか。本稿では、ザビエルの滞在地のなかでも、当該期に特に有力な大名がその本拠としていた鹿児島・山口・府内の三都市に焦点をあてて、宣教師と地域公権力による異宗教をめぐる対立や受容、そしてその文化的浸透の様相を明らかにしていきたい。

一、宣教最初の目的地：鹿児島

●アンジローとの出会い

　ザビエルが日本への宣教活動のために最初に留まったのは南九州の鹿児島である。十七世紀初頭以前の鹿児島の港は、ＪＲ鹿児島駅の北方を流れる稲荷川の河口にあったとされる。一五四九年八月十五日（天文十八年七月二十二日）にザビエルが上陸した場所は明らかでないが、当時の稲荷川河口には春日神社が伽藍《がらん》を有していた。その境内には、「薩藩《さつま》水軍軍港跡」の石碑（図1）が建てられており、ザビエルが乗った船の着岸地もこの辺りだったと想像される。

　鹿児島に上陸したザビエルは、待望の日本宣教への希望に満ちあふれ、素足でその地を踏みしめたという（本書38頁、15）。

　そもそも、ザビエルが日本宣教活動の最初の目的地として鹿児島を選択したのは、一五四七年十二月に、マラッカで鹿児島出身のアンジロー（ヤジロー）という人物と出会ったことが契機である。その語学力と旺盛な知識欲をザビエルから認められたア

図1　「薩藩水軍軍港跡」の石碑（鹿児島市）

ンジローは、マラッカでの出会いののち、ザビエルに随伴してインドのゴアに渡り、正式にキリスト教の洗礼を受けてパウロと名乗った（海老沢一九七一、岸野二〇〇一）。

鹿児島に上陸して数ヶ月後、ザビエルは手紙に次のように綴っている。

こうして神は私たちがあこがれていたこの地にお導きくださり、一五四九年八月、聖母の祝日（十五日）に到着したのです。日本の他の港に寄ることができず、聖信のパウロの郷里である鹿児島（Cangoxima）にやって来ました。ここで私たちは彼の親戚や親戚でない人たちすべてより、心からの歓迎を受けました。

（河野純徳訳『東洋文庫五八一　聖フランシスコ・ザビエル全書簡』三、平凡社、一九九四年、書簡第九〇（一五四九年十一月五日、鹿児島よりゴアのイエズス会員あて）九五―九六頁）

図2　島津貴久像（尚古集成館蔵）

● 島津貴久の対応

さらに、同じ手紙のなかで、ザビエルは、薩摩の戦国大名島津貴久《しまづたかひさ》（図2）の対応について、次のように記している。

善良で誠実な友聖信のパウロの町で、城代や奉行はたいへんな好意と愛情をもって［私たちを］迎えてくださいました。そして一般の人すべても同じように歓迎し、ポルトガルの地から来た神父たちを見て、皆たいそう驚嘆しています。パウロがキリスト信者になったことを奇異に感じる者は誰もおりません。むしろ彼を尊敬しています。そして親戚も、親戚でない人たちもすべて、彼がこの地の日本人たちが見たこともないものをインドで見てきたことを、パウロ本人とともに喜んでいます。またこの地の領主（島津貴久）も彼を引見して大いに喜ばれ、たいへん礼遇して、ポルトガル人の生活様式や気品の高いことなどについて尋ねられました。そしてパウロはすべての質問について詳しく説明をしましたので、領主はたいへん満足されました。

　パウロが領主に引見された時に、領主は鹿児島から五レグア（二八キロ）離れたところにおりました。パウロは私たちが［インドから］持って来た聖母のたいそう敬虔《けいけん》な聖画を持参しました。領主はそれを見て非常に感激し、主なるキリストと聖母のご絵の前にひざまずき、深い敬意と尊敬をもって聖画を拝まれました。そして、そこに居合わせたすべての人たちに彼と同じように拝むことを命じられました。

（『東洋文庫五八一　聖フランシスコ・ザビエル全書簡』三、書簡第九〇（一五四九年十一月五日、鹿児島よりゴアのイエズス会員あて）一一六―一一七頁）

　十六世紀前半の薩摩では、国人《こくじん》の割拠と島津家一族の守護職《しゅごしき》継承をめぐる抗争が激化していたが、島津勝久や実久《さねひさ》が敗れた一方、島津貴久は、一五四五（天文十四）年前後に伊集院《いじゅういん》で守護としての実力を蓄積し、やがて一五五〇（天文十九）年に鹿児島に進出する。貴久が、パウロ（アンジロー）を引見したのは、まさに薩隅日三ヶ国守護としての権威を確立する時期にあたり、「鹿児島から五レグア（二八キロ）離れたところ」とは、伊集院をさすものと考えられる。貴久の本拠である伊集院の一宇治《いちうじ》城には、「太守島津貴久・聖師ザビエル会見の地」と記した石碑（図3）が建立されている。

図3　「太守島津貴久・聖師ザビエル会見の地」の石碑（鹿児島県日置市）

● 布教活動の禁止

　しかしながら、その後に島津貴久は、仏教界の圧力におされる形でキリスト教の布教活動を禁止する。

その地の領主《（島津貴久）》は広大な領地を持っている大名ですが、ボンズ《（坊主）》たちは領主に迫って、もしも領民が神の教えを信じることを許すならば、領地を失い、また神社仏閣は破壊され、領民は離反するだろうと言いました。なぜなら、神の教えは彼らの宗教と反対であり、領民たちが神の教えを信ずるようになれば、彼らの宗派の祖師たちに以前持っていた信仰を失うに至るからです。ボンズたちはキリスト信者になった者は、誰であっても死罪に処すと領主が命ずるように［策謀］して成功し、それで領主は誰も信者になってはならないと命じました。

（『東洋文庫五八一　聖フランシスコ・ザビエル全書簡』三、書簡第九六（一五五二年一月二十九日、コーチン（コチン）よりヨーロッパのイエズス会員あて）一七六頁）

　日本の領主のなかで最も早くキリスト教を受け入れた島津貴久であったが、仏教界からの反発は激しく、鹿児島における布教活動は成就することを得なかったのである。

二、山口での宣教と大道寺

● 大内義隆との面会

鹿児島上陸の翌一五五〇（天文十九）年、ザビエルは平戸を経由して山口に到達し、領主大内義隆《よしたか》（図4）に面会する。およそひと月の滞在の後に上京して天皇への謁見《えっけん》を求めるがかなわず、わずか十一日間の滞在で都を離れ、翌一五五一（天文二十）年四月に山口に戻り、大内義隆に再び面会している。

山口での大内義隆との二度の面会について、ザビエルは次のように記している。

> このようにして私たちが家いえに「招かれたり」街頭に立って説教して宣教する幾日かが過ぎたのち、その町に住んでいる山口の領主（大内義隆）は、私たちを招くように命令され、種々さまざまなことをお尋ねになりました。どこから来たのか、どのようなわけで日本へ来たのか、などと尋ねられました。私たちは神の教えを説くために日本へ派遣されたもので、神を礼拝し、全人類の救い主なるイエズス・キリストを信じなければ誰も救われる術はないと答えました。領主は神の教えを説明するように命じられましたので、私たちは「信仰箇条の」説明書の大部分を読みました。読んでいたのは一時間以上にも及びましたが、そのあいだ、領主はきわめて注意深く聞いておられました。その後私たちは「御前を退出し」領主は私たちを見送ってくださいました。
>
> （中略）
>
> 神の聖《み》教えを述べ伝えるためには、ミヤコ（都）は平和でないことが分かりましたので、ふたたび山口に戻り、持って来たインド総督（ガルシア・デ・サ）と司教（ジョアン・デ・アルブケルケ）の親書《しんしょ》と、親善のしるしとして持参した贈り物を、山口侯に捧げました。この領主は贈り物や親書を受けてたいそう喜ばれました。領主は私たちに「返礼として」たくさんの物を差し出し、金や銀をいっぱい下賜《かし》されようとしましたけれど、私たちは何も受け取ろうとしませんでした。それで、もし「領主が」私たちに何か贈り物をしたいとお思いならば、領内で神の教えを説教す

図4　大内義隆像（龍福寺蔵）

る許可、信者になりたいと望む者たちが信者となる許可を与えていただくこと以外に何も望まないと申しあげました。領主は大きな愛情をもって私たちにこの許可を与えてくださり、領内で神の教えを説くことは領主の喜びとするところであり、信者になりたいと望む者には信者になる許可を与えると書き、領主の名を記して街頭に布令《ふれ》を出すことを命じられました。

（『東洋文庫五八一　聖フランシスコ・ザビエル全書簡』三、書簡第九六（一五五二年一月二十九日、コーチン（コチン）よりヨーロッパのイエズス会員あて）一七九―一八二頁）

図5　伝ザビエル辻説法の井戸（山口市）

山口でのザビエルは、当初、街頭に立って辻説法（街頭説教）を行っていた。山口市の大内氏館《やかた》の南を東西に走る大殿大路《おおどのおおじ》沿いには、ザビエルが民衆を集めて辻説法を行ったと伝承される井戸（図5）が存在している。その後に、来日の目的やキリスト教の教義概略を説明して贈答品や親書を手渡し、また、大内氏領内での布教許可の獲得をめぐって、その領主である大内義隆と面会したのである。

● 説教と討論

そして、布教の許可を得たザビエルは、山口で再び次のような活動を展開した。

領主（大内義隆）はこれと同時に、学院のような一宇の寺院を私たちが住むようにと与えてくださいました。私たちはこの寺院に住むことになり、普通、毎日二回説教しましたが、神の教えの説教を聞きに大勢の人たちがやって来ました。そして説教の後で、いつも長時間にわたって討論しました。質問に答えたり説教したりで、絶えず多忙でした。この説教には大勢の僧侶、尼僧、武士やその他たくさんの人が来ました。家の中はほとんどいつも人がいっぱいで、入りきれない場合がたびたびありました。彼らは私たちにたくさん質問しましたので、私たちはその答えによって彼らが信じている聖人《しょうにん》たちの教えは偽りであり、神の教えこそ真理であることを理解させました。幾日間も質問と答弁が続きました。そして幾日かたった後、信者になる人たちが出はじめました。説教においても、討論においても、もっとも激しく敵対した人たちがいちばん最初に信者になりました。

（『東洋文庫五八一　聖フランシスコ・ザビエル全書簡』三、書簡第九六（一五五二年一月二十九日、コーチン（コチン）よりヨーロッパのイエズス会員あて）一八二頁）

二度の面会を経て、大内義隆はザビエル

に領内での布教を認めるとともに、住居用の寺院を与えた。ザビエルは、この「学院のような一宇の寺院」を拠点として、一日に二回の説教を行い、説教終了後にはその教義内容についての討論を実施し、「大勢の僧侶、尼僧、武士やその他たくさんの人」との長時間にわたる質問と答弁によって彼らを改宗させていった。連作画「フランシスコ・ザビエルの生涯」16（本書40頁）が描くのは、まさに山口の寺院でザビエルが多くの僧侶たちと討論して彼らを改宗させた瞬間といえる。

ザビエルが大内義隆から「学院のような一宇の寺院」を与えられたのは、一五五一（天文二十）年の四月末から九月の間である。その後、義隆は、家臣陶隆房《すえたかふさ》の謀反《むほん》によって九月三十日に自刃し、大内家家督《かとく》は豊後《ぶんご》大友家から迎え入れた義長《よしなが》（大友晴英《はるふさ》）に引き継がれる。

●「大道寺」

その大内義長が、翌一五五二年九月十六日（天文二十一年八月二十八日）に発給した裁許状《さいきょじょう》が残されている。

> 周防国吉敷郡山口県大道寺事、従西域
> 来朝之僧為仏法紹隆可創建彼寺家之由、
> 任請望之旨所令裁許之状如件、
> 天文廿一年（一五五二年）八月廿八日　周防介（大内義長）　御判
> 当寺住持
>
> （一五五二年九月十六日付、山口発、大内義長のコスメ・デ・トルレス宛判物」『日本関係海外史料 イエズス会日本書翰集』訳文編之二（下））

一五五一（天文二十）年に大内義隆がザビエルに与えた寺院は、陶隆房の軍事行動の際に破壊されたと推測されるが、義隆の跡を継いだ義長は、その翌年に、「西域従《よ》り来朝の僧」（イエズス会のパードレ）が「仏法」（キリスト教）を紹隆《しょうりゅう》するための「寺家」（教会）を建立することを許可したのである。

この大道寺裁許状の発給の背後には、次のザビエルの書簡に記されるように、義隆没後の大内家当主となった義長と、その実兄で豊後の大名である大友義鎮《よししげ》の連携があった。

> この豊後の領主（大友義鎮）はポルトガル人にも私にも自分の弟（義長）が山口の領主になれば、コスメ・デ・トーレス（トルレス）神父とファン・フェルナンデスを心から歓待し、「布教のために」便宜を与えようと約束されました。彼の弟自身も山口へ着いたらそのようにすると約束なさいました。
>
> （『東洋文庫五八一 聖フランシスコ・ザビエル全書簡』三、書簡第九六（一五五二年一月二十九日、コーチン（コチン）よりヨーロッパのイエズス会員あて）一九七頁）

大内義長が建立許可した「大道寺」という名称の「寺家」（教会）は、前年に義隆がザビエルに与えた「学院のような一宇の寺院」を前身とするものである。場所は、大内氏館から数百メートル東へ歩いた山口市金古曽《かなこそ》町の聖ザビエル記念公園（図6）付近とする説と、同市道場門前一丁目の本《ほん》圀寺《こくじ》向かいとする説がある（伯野二〇〇〇）。

三、府内訪問と大友義鎮との面会

●マヌエル・エンリケスの絵画

さて、山口である程度の宣教成果をあげたザビエルは、大内義隆が不慮の死をとげる直前の一五五一（天文二十）年九月中旬に九州豊後の府内（大分市）を訪問し、今度は豊後の領主大友義鎮（宗麟《そうりん》）（図7）に面会している。このザビエルと大友義鎮の面会のようすを描いた二点の絵画史料がある。

まず、一つ目はコインブラ（ポルトガル）にある絵画である。

ポルトガル中部の都市コインブラは、丘の上に位置するコインブラ大学（十三世紀創設）を中心に発展した文化都市である。モンデゴ川の中流域東岸の台地に立地する大学の北東方面に位置する新カテドラル（セ・ノーヴァ）（図8）は、一五九八年にイエズス会コレジオ付属の教会として建設されたもので、その聖具室には、大小無数の額装絵画が保管されており（図9）、その中に、十七世紀前半の作とされるマヌエル・エンリケスによる複数の作品が含まれている。インドの民衆の前で布教をするザビエルの画像や、インド南部のコモリンやトラヴァンコールでの戦いのなかで祈るザビエル画像、あるいは、奇跡図像の一つで、インドからマラッカに渡る船中でくみ上げた海水に祈りをかけることで枯渇した飲料水を補い乗船者を救ったとする画像である。

この一連のマヌエル・エンリケス作品のなかに、ザビエルが玉座《ぎょくざ》に座った王に面会する場面を描いた画像（図10）がある。ポルトガル美術史研究者のヴィトール・セラン氏は、この絵画を一六四〇年の作品とし、玉座の王を豊後の戦国大名大友義鎮（宗麟）と推測する（セラン一九九九）。

歩み寄ってくるザビエルを迎える大友義鎮は、その衣裳こそ十六世紀日本の戦国武将の姿にそぐわないが、絨毯《じゅうたん》を敷いた玉座から右手をあげてザビエルを迎え入れようとする顔の表情は、写実的な日本人の様相を呈している。また、ザビエルの後方に描かれた六～七人の僧侶たちは、右手で棒を

図6　聖ザビエル記念公園（山口市）

図7　大友義鎮（宗麟）像（瑞峯院蔵）

図9　新カテドラル聖具室内の絵画群

図8　コインブラの新カテドラル（セ・ノーヴァ）（ポルトガル）

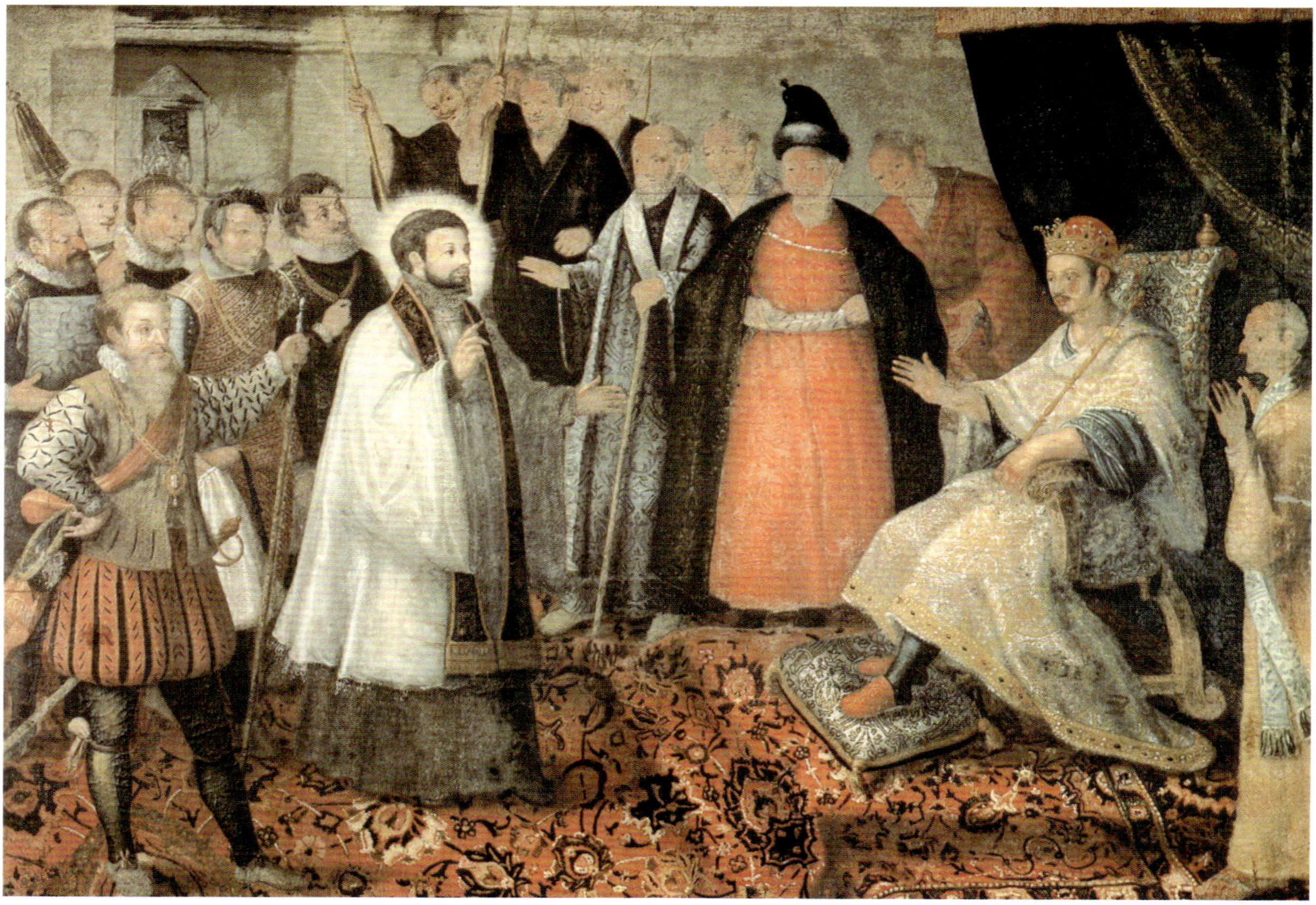

図10　大友義鎮に面会するフランシスコ・ザビエル（マヌエル・エンリケス作、新カテドラル蔵、コインブラ）

誇示してザビエルを牽制しており、薩摩鹿児島での動向と同様に、キリスト教受容をめぐる豊後府内の仏教界の反発を示すものである。

ローマ教皇の使節としてのザビエルが、王冠をのせた異国の王に威厳をもつ高位聖職者として接する場面を描くことによって、イエズス会は、布教活動の成功のためには現地権力者に接近することを厭《いと》うべきではないとする宣教方針をわかりやすく説いていこうとしたのである。

● アンソニー・ヴァン・ダイクの絵画

次に、ザビエルと大友義鎮の面会を描いた二つ目の絵画はドイツに存在する。

ドイツ南部のバイエルン州に、ポンメルスフェルデンという小さな町がある。十八世紀初頭、マインツ選帝侯でバンベルク司教のロタール・フランツ・フォン・シェーンボルンは、この町にヴァイセンシュタイン城（図11）を造営し、その宮廷内を多数の絵画で飾った（図12）。そのシェーンボルン伯爵コレクションのなかに、十七世紀フランドルの画家アンソニー・ヴァン・ダイクによる絵画（図13）がある。

画面左側の白いアルバを着た人物はフランシスコ・ザビエルであり、身をかがめて両手を広げ、壇上の人物を敬意のまなざしで見上げている。一方、画面右側の王冠の人物は、玉座から歩み寄り、右手を差し出してザビエルを歓迎している。

美術史の視点からこの作品を考察した木村三郎氏は、①一七一九年の美術館収蔵作品目録のなかでザビエルの面会者を「Kaiser von Japonien」（日本の王）と表現していること、②十六世紀フランドルの版画作品では共通して貴人を壇上に描く視覚伝統を有すること、さらに、③ヴァン・ダイクが描くこの絵画で壇上の王が立ち上がってザビエルを「強い情念を抱きつつ迎えている」ことと、フェルナン・メンデス・ピント『東洋遍歴記』の「座っていた場所から五、六歩踏み出してきて彼を迎えた」と記す「豊後大名が、ザビエル師に示した敬意」の記事が一致することから、「当該作品は、ザビエルを歓迎する大友宗麟《（義鎮）》を描いたもの」との結論を導いている（木村一九九九）。

● 大友氏からの招聘と歓待

一五五一（天文二十）年九月、周防《すおう》山口

図11　ポンメルスフェルデンのヴァイセンシュタイン城（ドイツ）

図12　ヴァイセンシュタイン城内の絵画群

を発ったザビエルは九州に渡り、豊後府内の戦国大名大友義鎮の館を訪ねるが、その訪問はこれまでの島津貴久や大内義隆の館への訪問とは趣《おもむき》が異なっていた。

コスメ・デ・トーレス《（トルレス）》神父とフアン・フェルナンデスと私とがいっしょに山口の町にいた時に、非常に有力な領主である豊後侯から、一隻のポルトガル船が豊後の港（沖ノ浜）に着き、あることについて私と話したいので、（府内、現在の大分市へ）来てほしいとの手紙が届きました。私は［豊後の領主が］信者になることを望んでいるかどうかを見極めるため、またポルトガル人に会うために（九月中旬）豊後へ行きました。山口にはコスメ・デ・トーレス神父とフアン・フェルナンデスとを、すでに［洗礼を受けて］信仰を持っている信者たちとともに残しました。［豊後の］領主は私をたいそう歓待し、また私はその地に到着したポルトガル人たちと話して大いに慰められました。

（『東洋文庫五八一 聖フランシスコ・ザビエル全書簡』三、書簡第九六（一五五二年一月二十九日、コーチン（コチン）よりヨーロッパのイエズス会員あて）一九五頁）

図13　大友義鎮に面会するフランシスコ・ザビエル（アンソニー・ヴァン・ダイク作、ヴァイセンシュタイン城蔵、ポンメルスフェルデン）

ザビエルと大友義鎮との面会は、大友氏側からの招聘《しょうへい》によるものだったのであり、実際に大友氏の館を訪ねたザビエルを義鎮は「たいそう歓待」したのである。ヴァン・ダイクが描くこの作品は、まさに、壇上の王が玉座から立ち上がって待望する来訪者を今にも抱きかかえようとする瞬間を描いており、ザビエルが来日中に面会を遂げた複数の「Kaiser von Japonien」（日本の王）のなかでこの構図に当てはまる人物は、大友義鎮のみといえよう。大友義鎮とザビエルのそうした友好関係のもと、連作画「フランシスコ・ザビエルの生涯」17（本書43頁）に描かれるような、府内の民衆に対するザビエルの救済活動が繰り広げられていくのである。

四、ザビエル後の府内キリスト教界

●「ダイウス堂顕徳寺」

さて、一五四九（天文十八）年八月から一五五一（天文二十）年十一月までの日本滞在を終え、ザビエルは一度インドに戻った。

そして一五五二（天文二十一）年、ザビエルが派遣したパードレ・バルタザール・ガーゴが、ドゥアルテ・ダ・シルヴァとペドロ・デ・アルカソヴァの二人のイルマンとともに府内を訪れた。翌一五五三（天文二十二）年、ガーゴは大友義鎮に面会し、府内での布教許可を得るとともに、教会建設用の土地の寄進状を獲得した。

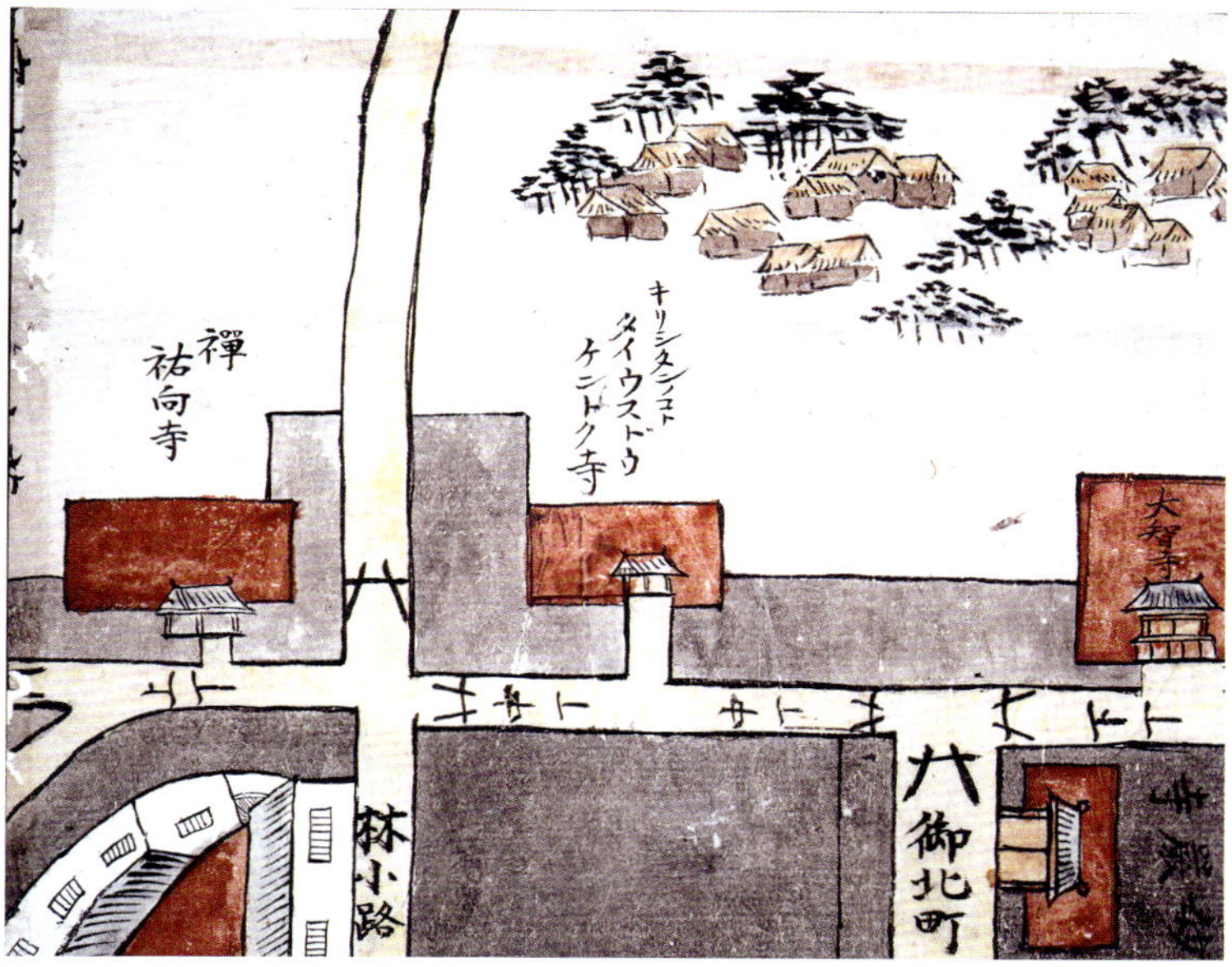

図14　府内古図（大分市歴史資料館蔵）中の「キリシタンノコト　タイウスドウケントク寺」

十六世紀後半期の府内のようすを描いた絵図が複数現存しているが、当該期の府内は、南北に四本、東西に五本の大路・小路が貫く都市であった。絵図では、その最も西側を南北に貫く大路の中央辺りに、「キリシタンノコト　タイウスドウ　ケントク寺」と呼称する祠《ほこら》が描かれている（図14）。「タイウスドウ」とは「ダイウス（デウス）堂」、すなわち、豊後府内キリスト教界の教会のことで、府内の人々からは「ケントク寺」＝「顕徳寺」という寺院名で呼ばれていたことがわかる。大友氏の館を含む中世の府内の領域には、現在でも、「顕徳町」と呼ぶ町名が残されており、イエズス会の府内教会「ダイウス堂顕徳寺」が建立されたのは、現在の大分市顕徳町二丁目にあたる。

ルイス・フロイス『日本史』第一部十章（一五五三年）には、この土地について次の記録がある。

> 国主（大友義鎮）は司祭に司祭館《カーザ》を建てる敷地を与えた。聖マリア・マグダレーナの祝日の前日、司祭はそこに、キリシタンたちとともに、そしてその新しいキリシタン宗団の祈りと熱意のうちに非常に高い一基の十字架を建てた。この最初の年に、府内の市《まち》、およびその周辺で三百名ないしそれ以上の人たちが受洗した。
>
> （松田毅一・川崎桃太訳『フロイス日本史』六、中央公論社、一九七八年）

一五五三（天文二十二）年、ガーゴらは、大友義鎮から寄進を受けた土地に大きな十字架一基を建立し、ここに豊後府内のキリスト教界が創始されたのである。

● 府内キリスト教界の発展

この年、義鎮から与えられた敷地には、大十字架に加えて、教会、司祭館（修院）、さらに墓地が整備され、府内キリスト教界としての諸施設が整った（五野井二〇〇四）。そして、関連施設の拡充と発展のようすも判明する。

ガーゴが一五五五（弘治元）年にポルトガル国王に送った書状によると、この年に府内を訪れたポルトガル商人ルイス・デ・アルメイダは、日本人のいわゆる「間引き」の習俗を問題視し、幼児の救済と養育のための施設を設けるようイエズス会宣教師に求めた。意向に賛同したガーゴは、大友義鎮の許しを得て、府内に育児院を開設し、そこにキリスト教徒の乳母と牝牛二頭を整えた。

さらに、翌一五五六（弘治二）年になると、府内のキリスト教関連施設は大幅に拡充される。フロイス『日本史』第一部十六章（一五五六年）の記述は次の通りである。

一行は国主（大友義鎮）から、一軒の家屋を贈物として受け取ったが、それは国主の持家であり、また同国で最良の（家屋の）一つであった。そのうえ司祭たちは国主の同意を得た上で、初めに贈られた地所に接した非常に良い地所を購入した。さらに国主は、彼らに（新たに与えた）家屋に対して毎年一定の扶持を与えるように命令した。

（『フロイス日本史』六）

イエズス会のコスメ・デ・トルレス一行に対して大友義鎮は、屋敷と年貢を寄進し、イエズス会自身も三年前に寄進を受けた土地に隣接する新たな土地を獲得したのである。

● 府内病院

こうして拡張された府内キリスト教界の新旧二つの敷地は、その後それぞれ「上の地所」「下の地所」と呼称されるようになったことが、次のガーゴの書簡からわかる。

当豊後の市に我等は地所二箇所を有す。一は始め家を建て、会堂に用ひし下の地所なるが、今此《この》家は此疾患（癩病《らいびょう》）及び各種の傷ある者の病院なり。其後之《これ》に面して大なる木造家屋を石の上に建て、他の病を治療せり。其中央に祭壇あり、聖母訪問の祭日の前夜竣成し、最初の弥撒《ミサ》及び説教を行ひたり。キリシタン等一同集りて大に喜びて祝ひ、彼等の中一人は他の人達に食事を饗したり。此家は両側に八室を有し、人多き時は十六人を収容することを得べく、各室別々に戸を備へたり。此家に接して病人の世話をなす医員の住宅あり、此家屋の周囲には縁側あり、病人は此所に出て治療を受く。右は外傷ある者にして他の内科の疾病に罹りたる者には、一人の老いたる日本人より適当なる時期に薬を与ふ。

（中略）

右の病院及び使用人の家数軒は下の地所に在り、会堂の存する上の地所は樹木及び竹を以て囲まれ、我等は同所に居住せり。

（「一五五九年十一月一日（永禄二年十月二日）附、パードレ・バルテザル・ガゴ（ガーゴ）が府内より印度《インド》の耶蘇会のイルマン等に贈りし書翰」（村上直

次郎訳『耶蘇会士日本通信』豊後篇上、帝国教育会出版部、一九三六年）

一五五三（天文二十二）年に初めて大十字架を建て教会を開いた「下の地所」は、その後、ハンセン病の患者を受け入れる病院として改装された。患者の数と疾病種類の増加により、病院はさらに増築され、特にその新しい病棟は礎石建物として建設され、左右に戸で仕切られた個室部屋が十六室並んでいた。病棟に隣接した場所には、医師の住宅も造られ、外科と内科の患者はその建物の縁側で診察を受けたのである。

一方、一五五六（弘治二）年に新たに購入した「上の地所」には、新しい教会が建設された。その建物が大友氏から寄進を受けた屋敷を改装したものであるか否かは明らかではないが、病院に隣接するこの新しい教会の周囲は、竹木林が覆い茂る環境だったようである。

● 府内コレジオ

このように、天文末年から弘治・永禄初年にかけての一五五〇年代に整備・拡充された各施設に加えて、一五八〇（天正八）年になるとコレジオが設置された（チースリク一九八七）。翌一五八一（天正九）年のイエズス会名簿によると、府内のコレジオでは、以下の十一名が活動していることがわかる。

院長　メルキオル・デ・フィゲレイド（ポルトガル人神父）
教師　アントニオ（イタリア人神父）
同　アルヴァロ・ディアス（ポルトガル人神父）
副監事　マノエル・ボラリョ（ポルトガル人修道士）
説教師　養方パウロ（日本人修道士）
同　ミゲル（日本人修道士）
神学生　ミゲル・ソアレス（ポルトガル人修道士）
同　ペドロ・コエリョ（ポルトガル人修道士）
同　アマドール・デ・ゴイス（ポルトガル人修道士）
同　ジョアン・ロドリゲス（ポルトガル人修道士）
同　ルイス・デ・アブレウ（ポルトガル人修道士）

コレジオは、イエズス会司祭の養成を教育目的とし、人文課程→哲学課程→神学課程の三段階でカリキュラム編成されていた。このうち、人文課程では、日本人学生にはラテン語、渡来してきた外国人学生には日本語と日本文学が教育された。日本語の教師は養方軒《ようほうけん》パウロ修道士がつとめ、彼は漢学や古典文学にも精通していたという。

● メダイの発掘

さて、かつての府内、現大分市において、大友氏の館跡と、その周辺に栄えた中世都市豊後府内（図15）の発掘調査が始まって、二十年が経過した。この間、各調査区からは、中世の大名館や寺院、武家屋敷、町屋、道路、堀などの遺構が見つかり、中国や東南アジアからの陶磁器をはじめとした大量の遺物が検出された。発掘成果については、大分市教育委員会と大分県教育庁埋蔵文化財センターから発掘調査報告書が逐次刊行されているが、これまでの発掘成果を一般向けにまとめた書籍としては、玉永光洋・坂本嘉弘『シリーズ「遺跡を学ぶ」五六　大友宗麟の戦国都市・豊後府内』（新泉社、二〇〇九年）が参考になる。

こうした府内の遺構・遺物のなかで、キリスト教関連のものについて最後に紹介しておこう。

まず、府内で多く検出されるキリシタン遺物として、メダイがあげられる。メダイとは、ペンダントやロザリオ（キリシタンが使用する数珠《じゅず》）につけるメダル状の金属製品である。

府内検出のメダイのなかで最も注目されるのが、表裏にキリスト像と聖母マリア像を刻んだ、いわゆるヴェロニカのメダイ（図16）である。ゴルゴダの丘に向かうキリストの顔の血と汗をヴェロニカという女性がヴェールでぬぐったところ、そこにキリストの顔が映ったとする故事のとおり、キリストの顔と布が刻まれており、反対面では、光背の前でマリアが幼いキリストを抱いている。ヴェロニカのメダイ以外のメダイは、すべて無文であるが、その検出状況から、宣教師がもたらしたメダイを模倣して府内で独自に製作した国産のものと考えられる。これら一連のメダイは、府内への島津氏の侵攻を示す焼土層の下から検出されていることから、一五八七（天正十五）年以前に比定される（後藤二〇一五）。

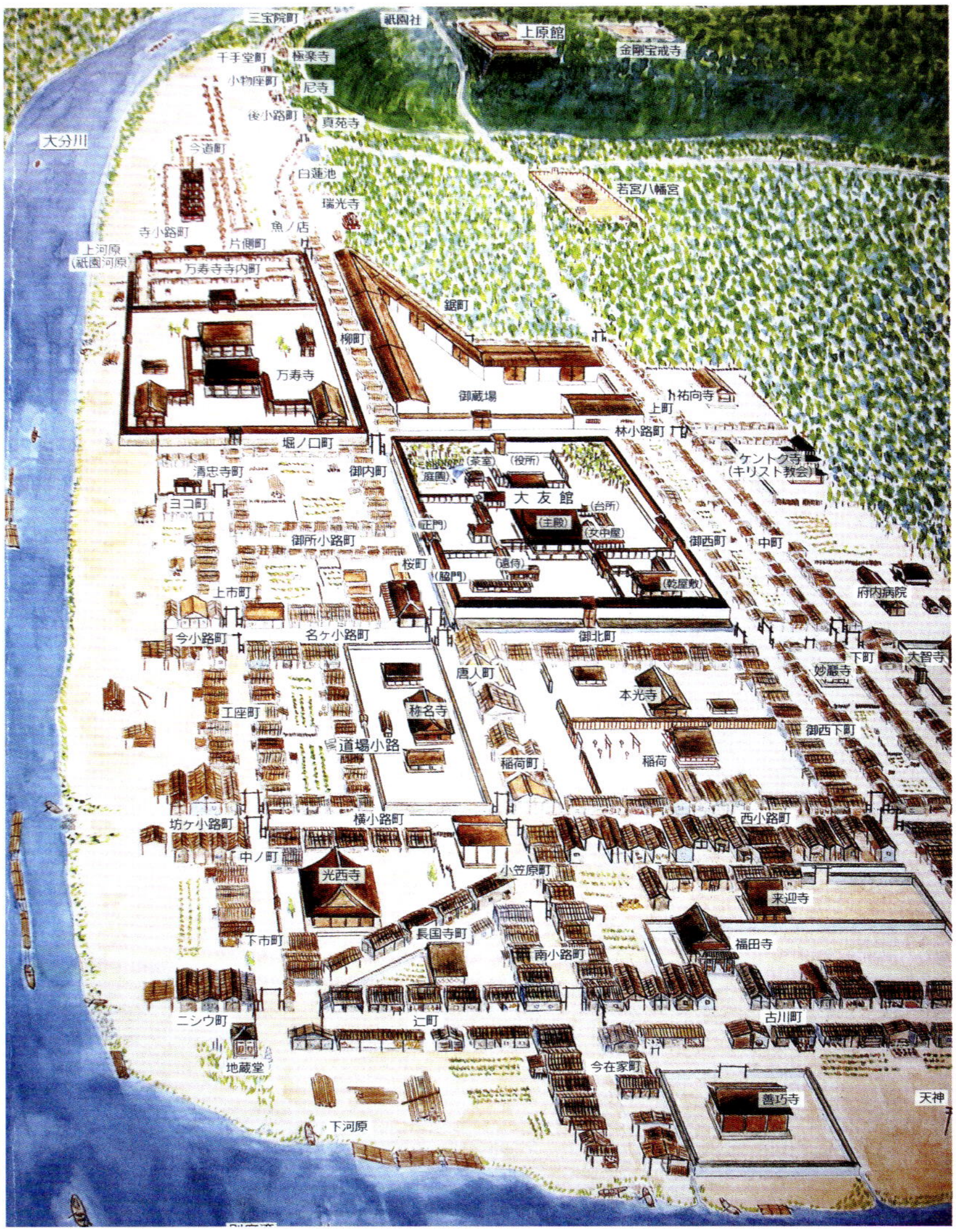

図15　16世紀の豊後府内復元想像図（尾家信也・鹿毛敏夫作）

図16　府内出土のヴェロニカのメダイ（大分県教育庁埋蔵文化財センター蔵）

● キリシタン墓地の検出

次に、府内教会の関連施設の所在が想定される調査区から検出されたのが、複数の人骨埋葬墓である。場所は、一五五三（天文二十二）年にガーゴらが大十字架や教会、司祭館（修院）などを建立し、後に病院に改装された「下の地所」想定地の南部で、そのうちの一基の墓では、長方形の木棺に、頭を北に向けて仰臥伸展葬《ぎょうがしんてんそう》したかたちの人骨（図17）が見つかっている。

　その後の継続的調査によると、検出された十七基の墓群は、一五六〇年代頃のものと一五七〇〜八〇年代のものに大きく時期区分される。そのうち、一五六〇年代の墓は八基で、いずれも七〜八歳以下の幼児を葬っており、それらは、一五五五（弘治元）年に設立された育児院で死亡した子どもたちと考えることができる。

図17　府内出土のキリシタン人骨（大分県教育庁埋蔵文化財センター蔵）

　一方、一五七〇〜八〇年代のものは、規則的に配列された五基の成人墓と、その周囲に追葬された四基の幼児墓である。十六世紀末から十七世紀初頭にかけてのキリシタン墓地としては、大阪府の高槻《たかつき》城や東京都の八重洲《やえす》北口遺跡などがこれまでに確認されているが、それらの遺構と府内の墓地は、複数の墓を方向をそろえて等間隔に配列している点、長方形木棺に伸展葬している点、そして、墓域を溝や柵列によって外界と区画している点、の三点に共通性がみられる。高槻城の墓地はキリシタン大名高山右近と安威了佐《あいりょうさ》のもので一五七〇年から一五八七年の時期のもの、一方、八重洲北口遺跡は一五九〇年から一六〇五年の時期のものと推測されている。府内で検出された一五七〇〜八〇年代の墓群は、時期的には、府内コレジオ設立期に対応するものと考えられ、長方形木棺に伸展で埋葬されたキリシタンと、方形木棺に横臥屈葬《おうがくつそう》という日本の伝統的埋葬様式で葬られた非キリシタンが、混在しているものと考察されている（田中二〇〇八）。これは、病院や教会施設で死を迎えた人々を、キリシタンか否かを区別することなく埋葬したものと考えられよう。

おわりに

　十六世紀半ば以降、中国を中心とした外交・交易秩序が形成されていた東シナ海域に、西欧史上のいわゆる「大航海時代」を迎えたポルトガル・スペイン勢力が参入してくる。そもそも東南アジア諸国を本来的に意味する「南蛮《なんばん》」の一員として迎えられた彼らは、この海域においては、いわゆる新規参入者であり、フランシスコ・ザビエルをはじめイエズス会の宣教師たちは、布教活動を推進するための情報収集に奔走する。そうしたなかでも、ザビエルの日本来航は、鹿児島出身のアンジローと東南アジアのマラッカで出会ったことを契機とするもので、その後、ザビエルは、鹿児島・山口・府内の戦国時代日本の三都市で、島津貴久・大内義隆・大友義鎮という戦国三大名に面会して、布教活動への理解と協力を求めたのであった。

大名側の反応は三者三様であったが、布教活動における現地権力者への接近を厭わないとするイエズス会の宣教方針の成果は次第に実を結び、島津氏領での布教禁止措置を乗り越えて、大内氏領では布教許可を獲得、その後、大友氏領には大名から招聘・歓待されるかたちで、日本布教の根拠地を獲得していったのである。

ザビエルの日本滞在は、一五四九（天文十八）年八月から一五五一（天文二十）年十一月までのわずか二年三ヶ月に過ぎなかったが、西日本各地で播《ま》かれた布教の種は、やがてその後継者たちの活動によって成熟期を迎えることとなった。彼らの宣教活動は、特に同時期にアジア方面への外交・交易政策を重視していた西国大名の志向性ともリンクし、やがて、そのうちの良き理解者数名の授洗に成功して、大村純忠《すみただ》・有馬晴信《はるのぶ》・高山右近らのいわゆる「キリシタン大名」の誕生に結実していくことになるのである（鹿毛二〇一五）。

参考文献

ヴィトール・セラン「作品解説四九 日本の大名に説教する聖フランシスコ・ザビエル」（『大ザビエル展』東武美術館・朝日新聞社、一九九九年）

海老沢有道「ヤジロウ考」（同『増訂切支丹史の研究』新人物往来社、一九七一年）

鹿毛敏夫『アジアのなかの戦国大名——西国の群雄と経営戦略——』（吉川弘文館、二〇一五年）

岸野久『ザビエルの同伴者 アンジロー——戦国時代の国際人——』（吉川弘文館、二〇〇一年）

木村三郎「ヴァン・ダイク作、通称《日本の王に拝謁する聖フランシスコ・ザビエル》について」（『大ザビエル展』東武美術館・朝日新聞社、一九九九年）

後藤晃一『キリシタン遺物の考古学的研究』（渓水社、二〇一五年）

五野井隆史「豊後府内の教会領域について——絵図、文献史料と考古学資料に基づく府内教会の諸施設とその変遷——」（『東京大学史料編纂所研究紀要』一四、二〇〇四年）

田中裕介「イエズス会豊後府内教会と付属墓地」（鹿毛敏夫編『戦国大名大友氏と豊後府内』高志書院、二〇〇八年）

伯野幸次「初期イェズス会の山口布教と山口大道寺——異文化理解に関連して——」（『山口県地方史研究』八四、二〇〇〇年）

フーベルト・チースリク「府内のコレジヨ——大友宗麟帰天四百周年によせて——」（『キリシタン研究』二七、一九八七年）

描かれた豊後王（大友義鎮）とザビエル

COLUMN

岡 美穂子

十七世紀のヨーロッパにおける日本のイメージを知る上で、非常に貴重な史料がある。ハザード・コルネリウスの『全世界の教会史』（*Kerckelycke historie van de gheheele werelt*）第一巻「日本、中国、ムガール、ビスナガ、ペルー、メキシコ、ブラジル、フロリダ、カナダ、パラグアイ、マラニャオンの地域について」（アントワープ、一六六七年）の挿絵である（図1・2）。著者のハザート・コルネリウス（一六一七～一六九〇）は、ベルギー人のイエズス会士であった。ベルギー、オランダなどの低地諸国で急成長する新教派との教義論争におけるカトリック側の論客として知られる。教理問答等について多くの作品を残したが、イエズス会の世界宣教記録を『全世界の教会史』（全四巻）で綴り、カトリック世界の拡大の意義を主張した。日本に関しては、ザビエルの宣教開始に始まり、キリシタン大名の誕生と改宗事業の成功、迫害の始まり、殉教者の続出までを記述する。

図1　豊後王（大友義鎮）とその家臣にキリスト教の教えを説くザビエル（国際日本文化研究センター蔵）

上の図1では、大友義鎮《よししげ》にキリスト教を説くザビエルが描かれ、ザビエルの左手にはポルトガル人の船長と思しき人物、義鎮の周囲には近侍《きんじ》の僧侶たちが配される。豊後府内の想像図は、フランドル地方の典型的な街並であろうか。

左の図2は、家督を息子に譲り、「キリシタン王国」建国を夢見て、戦へ向かう姿を描いたものと解説される。

図2　唯一神なるデウスを信じて出立する豊後王フランシスコ（大友義鎮）（国際日本文化研究センター蔵）

COLUMN

Ⅱ-5 祭壇画としての「マリア十五玄義図」について
―「とりなし図像」の視点から考える―

木村三郎

はじめに

神戸市立博物館所蔵「聖フランシスコ・ザビエル」（図7）は、我が国で、ザビエルの肖像を考える場合に、まず、念頭に浮かぶ作品である。この作品については、古くから、フランドルの版画家ヴィーリクスの作例が視覚上の着想源であることが指摘されている。筆者は、この問題について興味を持ち、図1～5のように、ザビエルが着衣を両方の手で持ち上げるようにつかんでいる作例と、図6・図7のように、胸の上で手を組み合わせている作例とが認められることを考察したことがある。簡単にいえば、前者は、燃えるような信仰の熱情を表し、一方で、後者は、祈る姿を表しているのである。その後、若桑みどり氏が、晩年に、この論点についてさらに議論を展開し、氏の博士論文に引用している。

西欧におけるバロック美術では、そこに描かれた人物を、表情と身振りに留意して、さながら舞台の上にいる役者のように描き出すことが求められていた。それを「情念表現」と呼び、それは、神話画、歴史画のみならず、宗教画においても同じであった。ここに取り上げたザビエルの宗教上の肖像画の身振りでも、その方法が応用され、信仰への熱情、そして祈りに関わる情念を表すために描き分けられていたのである。

本稿では、この事実を念頭に置きながら、京都大学総合博物館に収蔵されている、「マリア十五玄義図」（図1a・b）について、若干の新しい考察を試みたいと思う。画面中央に聖母子がいて、カーテンに囲まれている。下には、四人の聖人が半身像として描かれている。その間には、LOWADO-SEIAOSA [...] TISSOSACRAMETO（いとも尊き秘跡を、讃仰せられよ）というポルトガル語の一節が左右に書き込まれている。その下には、輝く聖杯が置かれ、イエスの磔《たっ》刑《けい》の際に使われた三本の釘を示すイエズス会の紋章IHSも認められる。

一方で、周辺を十五の場面に分けた画像が取り囲んでいる。これは、「受胎告知」から、「聖母被昇天」までの聖母とイエスの生涯にまつわる話を描いたもので、十五の玄義（ラテン語でmysterium、訳語としては、「秘義」、「神秘」も使われる）を表している。この言葉は、イエスの生涯の各出来事が救いの計画の現れであるという考えから生まれている。この十五点の図を眺めながら、「アヴェ・マリア（天使祝詞）」を唱え、ロザリオ（小さな珠か、結び目を連ねた数珠）をつまぐり、キリストと聖母の生涯という秘儀を、順を追って瞑想することが行われた。この問題については、戦前の新村出氏の研究（新村一九二三）以来詳しい分析がなされている。それによれば、ここには、朝五箇条（歓びのみすてりよ）、昼五箇条（悲のみすてりよ）、夜五箇条（ごろりやのみすてりよ）が描きだされている。

近年では、若桑氏が鋭意な歴史的分析を行っている。ここに紹介を試みたい。十一世紀頃から、ラテン語を読み書きできない民衆も、ミサなどの教会の儀式に参加できるようにするために、神父の祈祷のあとに唱和できる、簡単なラテン語の章句を教えたことが始まりとされる。十二世紀になると、話が「受胎告知」から始まることから、「Ave Mariaアヴェ・マリア」の言葉が使われはじめ広まった。十六世紀初頭には、主題が十五に絞られ、十五種各十回の唱和が行われた。簡潔であり、キリスト教の主要なドグマを浸透させることに成功したのである。

一方で、信仰を考える場合、心にかかわる事柄こそ真剣に考えるべきだとするルターは、こうした道具を用いる祈祷形式を厳しく批判した。しかし、イエズス会はこれを強く推奨した。中世では、読み書きの

図1a　作者不詳「マリア十五玄義図」（原田家本）　紙本著色　73.3×61.9cm
（京都大学総合博物館蔵）

図1b　同（部分）

図2　作者不詳「マリア十五玄義図」（東家本）　紙本著色　84.2×67.1cm　（茨木市立文化財史料館蔵）

図3　「ロザリオの玄義」　1573年　ロアルテの著作の中の挿絵

できない民衆が対象であったが、大航海時代の、言語の異なった地域での布教に積極的にこれを使ったのである。そのためには、イメージ戦略こそ有効であった。たとえば、図3は、一五七三年にイエズス会神学博士ロアルテが刊行した、ロザリオの玄義にまつわる著作の挿絵である。この文献の重要性の指摘は、若桑氏の発見である。この挿絵の中では楕円の花輪のなかに、たくさんの薔薇《ばら》が舞っている。玉座に座った聖母は、左手にロザリオを持っている。この頃から、ロザリオの祈祷に関わる版画が盛んに作られた。十六世紀では、個人の信仰用に、十五場面のそれぞれを版画に描いたものが多かった。一五八七年のポルトガル語版では、十五の各章に木版挿絵が認められる。一方で、十七世紀には、一枚の画面に十五の情景を描き込んだものが広まり、集団の信仰の場で大きな意味を持った。それが、我が国にも招来されていたのである。

ちなみに、図2の作品は、茨木市の山間部下音羽の民家に伝えられた絵画で、一九三〇年、屋根の葺《ふ》き替えの際に発見された。屋根裏の木材にくくり付けられた竹筒を不審に思った家人が開けてみると、この絵がくるくると巻かれた状態で出てきたといわれる。

ところで、ここで、南蛮時代に建てられた、キリシタンの天主堂の数に触れておきたい。一五八二年に書かれた記録から、この時代には、大小合わせて二〇〇はあった、という事実が伝わっている。また、一六一二年の禁圧で破却されたものは、八六ヶ所であったという記述もある。一方で、そうした天主堂には、いずれも皆、会堂内に礼拝堂祭壇画や聖画があったに違いないと考えられている。フロイスによれば、大村純《すみ》忠《ただ》が己が居城内の大会堂に、銀五十両を寄進して描かしめた祭壇画があったという。

こうした事実を念頭におくと、この図2に示した掛け軸も、それが天主堂にあったものとは必ずしも思われないが、そうした祭壇画の一つであったと考えられる。我が国では、掛け軸となって機能し、床の間に掛けられ、複数の信者がこれをもとに瞑想し、オラショを唱えていたのであろう。

図4 ハレ「聖フランシスコ・ザビエル」版画 1596年以前

図5 A・ヴィーリクス「聖フランシスコ・ザビエル」版画 1624年以前

図7 作者不詳「聖フランシスコ・ザビエル」 重要文化財 紙本著色 17世紀初め 61.0×48.7cm （神戸市立博物館蔵） Photo：Kobe City Museum/DNPartcom

図6 H・ヴィーリクス「聖フランシスコ・ザビエル」 版画 1619年以前 11×7.3cm （ブリュッセル王立図書館蔵）

図8　P・P・ルーベンス「聖イグナティウス・デ・ロヨラ」　画布・油彩　224×138 cm　ウォリック城（ウォリック伯コレクション蔵）

図9　P・P・ルーベンス「聖フランシスコ・ザビエル」　画布・油彩　216×135 cm

一、ザビエルとロヨラと他の聖人を描いた作例について

本節では、まず、ザビエルとロヨラをともに描き込んだ西洋における作例について考えたいと思う。図8は、現在、イギリスのウォリック伯コレクション所蔵のP・P・ルーベンスの作品「聖イグナティウス・デ・ロヨラ」である。画面中央に、大ぶりの人物が立ち姿で描かれている。右上には、暗い背景の中に、強い光が空から差し込んでいる。ロヨラは、柱の台座の上に置かれた書物に手を触れている。右手は掌を鑑賞者に向けていて、これは「訓戒」を意味しているとされる。着衣は、ミサを挙げる時に着用する白い祭服であるアルバの上に、錦織りのカズラを着ている。本作品は、現在は失われてしまっている図9の「聖フランシスコ・ザビエル」がその対画であると想定されている。この作品では、やはりアルバに身を包んだザビエルがいて、手の仕草は、交差した両手であり、祈りを表していることがわかる。

図10は、こうした両者の肖像を、一点のエッチング作品の中に描き込んだものであ

図10　S・A・ボルスヴェルト（1580〜1633）「聖フランシスコ・ザビエルと聖イグナチウス・ロヨラ」（ルーベンスの原画に基づく）　エッチング　1891年　397×257cm　（大英博物館蔵）

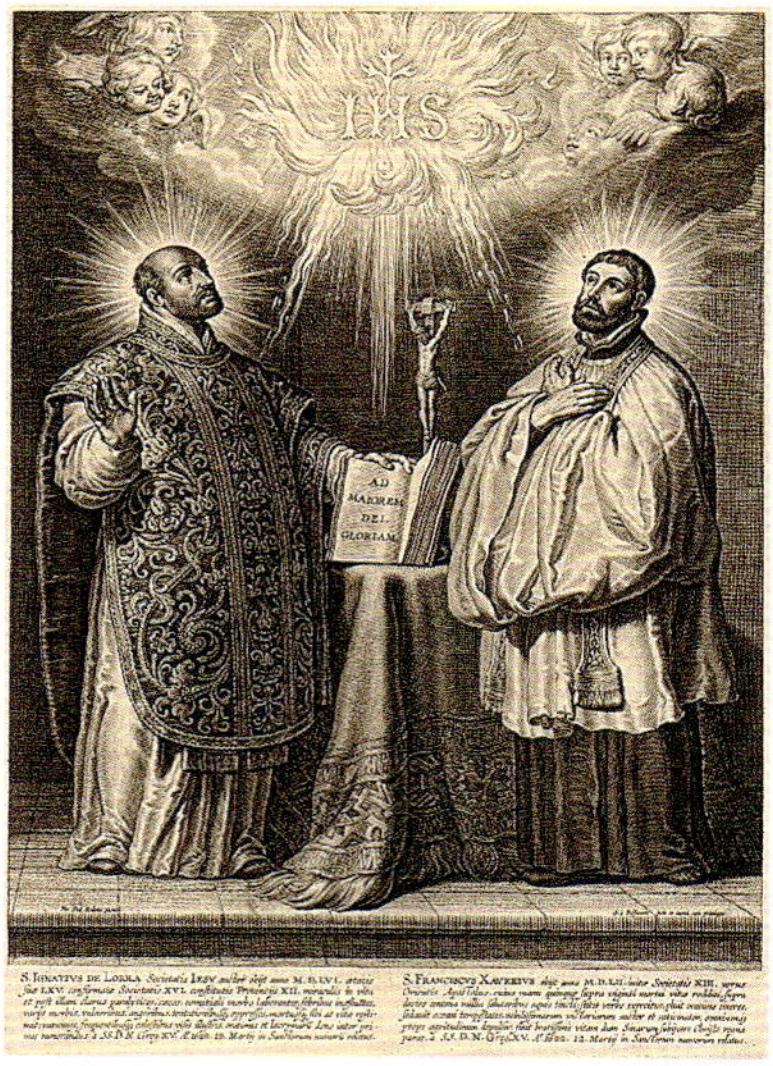

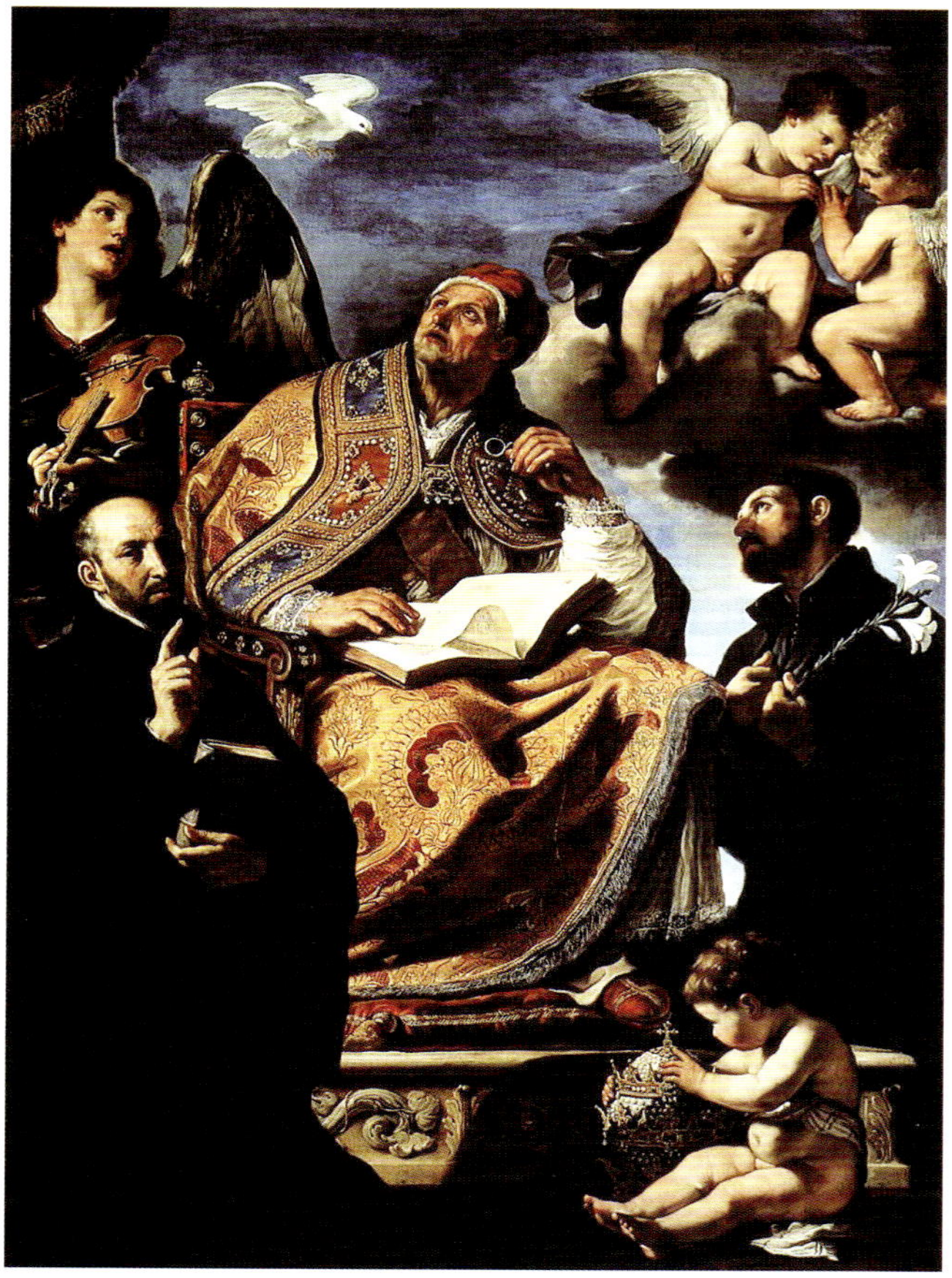

図11　グエルチーノ「聖グレゴリウス、聖ザビエル、そして聖ロヨラ」　画布・油彩　1525〜26年　296×211cm　（ロンドン・ナショナル・ギャラリー蔵）

る。ルーベンスの作品を原画にしている。ザビエルには祈りを、ロヨラには訓戒の仕草をやはり認めることができる。上部には左右に三人ずつのケルビム（智天使）がいて、光輝く雲から下に向かって光が放射されている。その中に、イエズス会を表すIHSの文字がある。画面中央にはキリストの磔刑像があり、その下にはやはり、同じ図書が開かれている。制作は、図8・図9が描かれた後で、ルーベンスやヴァン・ダイクの作品を版刻したことで知られる、版画家ボルスヴェルトの作品である。

　このような、ザビエルとロヨラの双方を描いた作品としては、同じイエズス会でも、イタリアにおける事例も指摘することができる。たとえば、図11は、イタリア・バロックの画家グエルチーノが「聖グレゴリウス、聖ザビエル、そして聖ロヨラ」を描いた作品の一つである。画面中央に、大グレゴリウスとも呼ばれるラテン教父の一人が座り、背景に天使たち。前景の左にロヨラがいて、左手に書物を持つ。右には、信仰の熱情を示す仕草をしたザビエルがいる。フランドルとイタリアにおける作例を確認することができたが、こうした表現類型には、国境を越えた普遍的な傾向が認められる。

　以上の考察からは、ザビエル、そしてロヨラは、西欧においてもしばしば対の形式で描かれていたことが理解される。両者も描き込んでいる図1も、十六世紀末から十七世紀前半にかけて西洋からもたらされた、とりわけフランドルを出自とするエッチング等の版画が、その手本となって描かれたと想定される。

二、聖母子の前に複数の聖人たちを描いた作例について

ここで、話を少し広げて考えてみたい。ザビエルとロヨラだけでなく、複数の聖人が描き込まれた事例で、しかも、聖母子を中心とした表現に彼らが組み込まれている作例についての考察を行いたいからである。

ここで、図1（a・b）と図2に示した、我が国にあるもう一点の「マリア十五玄義図」を比べてみたいと思う。ほぼ同じ構図で描かれ、同じ画家で粉本も同じであろうと推定されている作品である。しかしながら、図1の画面の下部には、単にザビエルとロヨラだけではなく、右に聖ルキア、そして左手には、聖マティアが控えている事実は明確に異なっている。

聖マティアについては、後段で扱うとして、ここでは、聖ルキアについて解説をしておこう。彼女は、シラクサ市の貴族に生まれ、紀元三一〇年頃に受難したといわれる。ルキア、あるいはルチアという名前は、わが国でも知られている、『サンタ・ルチア』というナポリ民謡の題名からも連想されるように、本来、「光」というものを意味している、ラテン語のルクスLuxから生まれた言葉である。彼女が、光のように汚れない乙女としての生涯を送ったという意味があったために、その後、光を受ける眼が、この女性のいわば名札のような機能をする小道具にもなった。また、その後、別の伝説も生まれて、それによると、恋人が、彼女の眼の美しさを絶えずほめるので、いらだって自分の両眼をえぐって彼のもとに送ったという話すら生まれている。

ここで、西洋のキリスト教図像でしばしば聖母子の回りに、複数の聖人が併存して描かれる「聖会話」の図像伝統を紹介したいと思う。

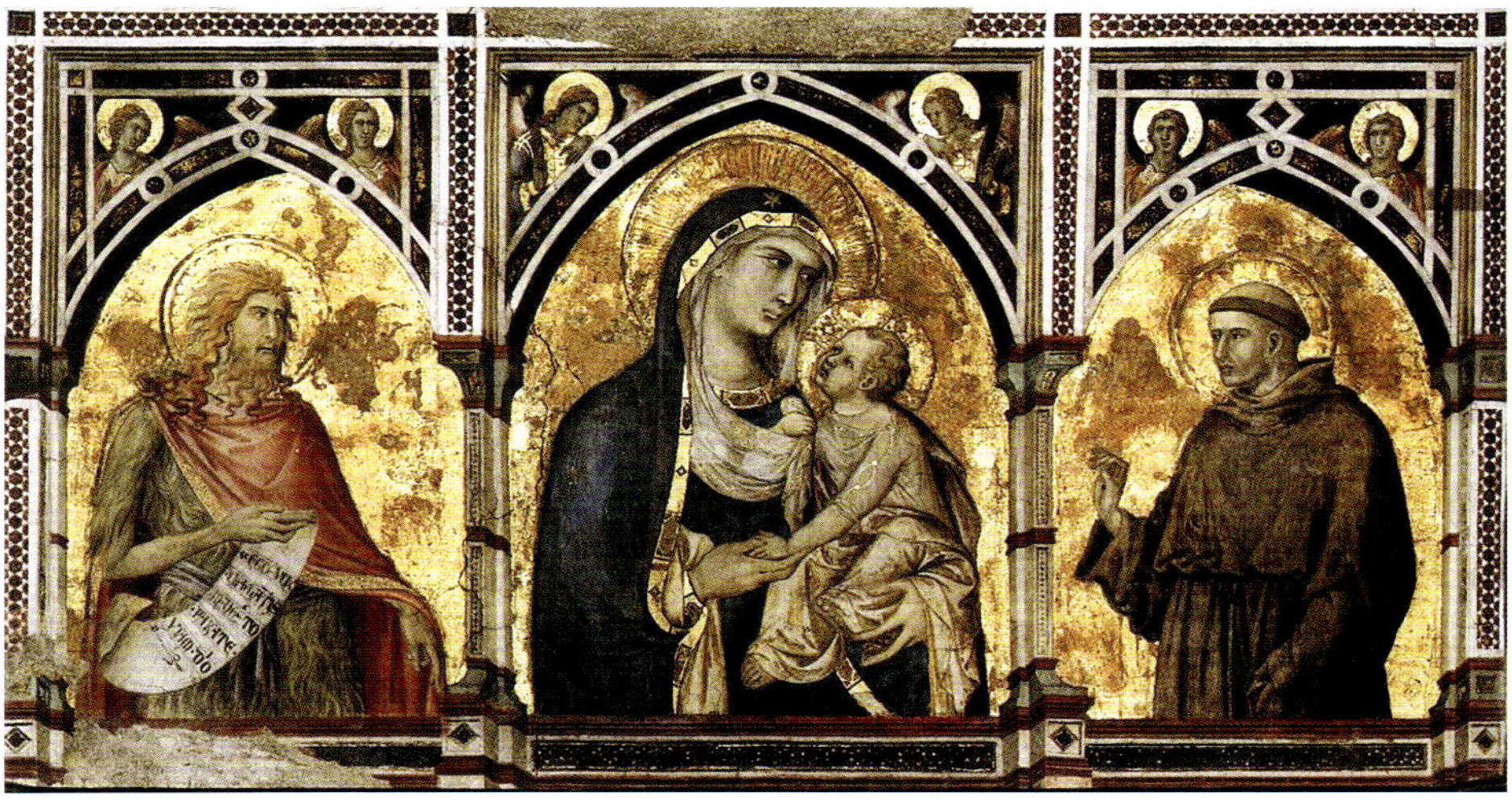

図12　P・ロレンツェッティ「聖母子、聖フランチェスコと洗礼者聖ヨハネ」　フレスコ　1320年頃　130×244cm　サン・フランチェスコ聖堂（サン・ジオヴァンニ・バッティスタ礼拝堂蔵、アッシジ）

●「聖会話 Sacra conversazione」の図像伝統——左右に広がる人物像の構図——

図12は、制作年代が遡《さかのぼ》る。イタリアの十四世紀に活躍したシエナ派の代表的な画家、P・ロレンツェッティの作品である。ここでは中央に聖母子が描かれ、左右に二人の聖人がいる。左が洗礼者聖ヨハネであり、右が、聖フランチェスコである。この作品は、アッシジのサン・フランチェスコ聖堂の洗礼者聖ヨハネ礼拝堂にある。

このように、聖母の前で、聖人たちが一枚の絵の中で一堂に会していて、玉座にいる聖母が幼児キリストを抱いている図柄は、イタリア十四世紀以降、しばしば見られる

作例群であり、「聖会話」という言葉で分類されている。様々な時代に活きた聖人たちが、その生存年代にかかわらず一緒に描かれているのである。聖人が、たとえば、作品を発注した聖堂の守護聖人の場合、寄進者の住む町の守護聖人である場合、あるいは、修道会のために描かれる際には、その創立者である聖人が描かれる場合などが指摘される。

図13は、その後およそ百年が経過したあとに、フィレンツェで描かれたフラ・アンジェリコ作「アンナレーナ祭壇画」である。

図13　フラ・アンジェリコ「アンナレーナ祭壇画」　テンペラ　板　1437～40年頃　202×180cm　（サン・マルコ美術館蔵、フィレンツェ）

図14　ティツィアーノ「バルビの聖会話」　1512～14年頃　画布・油彩　（トラヴェルセートロ・マニーニャ・ロッカ財団蔵）

聖母の左側には、左から、ドメニコ会の僧服を着た聖殉教者ペトルス、メディチ家の守護聖人であった双子の聖コスマスと聖ダミアヌス、右には、福音書記者聖ヨハネ、フィレンツェの守護聖人である聖ラウレンティウスと、聖フランチェスコが認められる。左右相称にも近い舞台設定の中央にある玉座に聖母子。左右に広がる衝立《ついたて》が、黄金に輝く背景を作り出している。その前に展開する聖人たちは、各人の頭部が穏やかに連鎖した曲線を作りながら、側面像と正面像によって組み立てられている。一方では、六名の聖人たち各自が、やはり異なった手の仕草を示していることがわかる。左右に広がる舞台には、聖人たちが聖母子に向かっていると同時に、聖人同志の間での親しげな「聖なる会話」をしている。

図14は、ティツィアーノ作「バルビの聖会話」と呼ばれる、十六世紀初頭の作品である。本作品の場合、風景を右手奥に描き込み、聖母子は左膝を立て、中央ではなく、やや画面左に位置している。右手には、前景にいて膝まずく寄進者を、聖母に紹介する聖ドミニクスがいる。彼は、白いトゥニカとスカプリオロのドメニコ会の修道服を付け、左手を後ろに引き、体を聖母に向けて話しかけている。イエスは逆に、アレクサンドリアの聖カタリナを振り返っている。

そのカタリナは、右手の二人に視線を向けている。会話しつつある人物群の微妙な心理が、群像表現としてドラマを生んでいる。

ここで示した若干の作例では、画面の左右に位置する聖母と諸聖人の間の会話がテーマになっている。しかし、次に分析を試みたい作例群では、事情がいささか異なっているのである。

●「とりなしIntercessio」の図像伝統——上下に置かれた人物像の構図と胸に手を置く聖人——

図15は、先にも引用したヴィーリクスの作例である。「聖ノルベルトゥスと聖母子」と題されたこの画面にも、中央に聖母子が描かれている。しかし玉座にいる聖母ではなく、雲の上にいて浮遊している姿である。上部には天使たち。前景右手には、司教服姿の聖ノルベルトゥスが跪《ひざまず》いていて、足下には司教杖がある。左手を前に出し、一方で、右手は胸に当てている。この聖人は、ラン近郊のプレモントレに、アウグスティヌス会則に基づいて、画面の下の記銘に書かれているプレモントレ会として知られる修道士会を設立した。会の名前は、聖母の幻がノルベルトゥスに現れ、彼が居を定めるべき場所としてある草原を右手で示しているところを描いている。この作品は、やはりこの修道会の創設を願った情景であると考えられる。ここにあるのは、「聖会話」に認められる聖人間の会話ではない。

図15　ヴィーリクス「聖ノルベルトゥスと聖母子」　版画

イタリア・バロックにおける作例

すでに紹介した、一五七三年刊行の図書『ロザリオ』にあった図3は、その後の、ロザリオ信仰への強い影響を与えた挿絵であった。しかしこの図柄は、薔薇とロザリオが描かれているだけでない。見方によっては、中央上部に聖母子がいて、その下を取り囲むように、修道士と修道女たちが見上げている。

ローマにおけるこのような環境の中から、たとえば次の絵画が生まれている。図16は、画面上部の雲の上に聖母子を描くイタリア・バロックの画家グエルチーノの作品である。遠景に風景。前景には二人の聖人がいて、左には立ち姿の、皇帝ディオクレティアヌス時代の殉教者聖パンクラティウス、右下には、白いヴェールを被《かぶ》ったアッシジ生まれの聖クララが跪いている。ここで注目すべきことは、この聖女が、聖母子を見上げつつ、右手を胸に当てていることである。やはり、聖母子に、貧しき聖クララ修道会の創設を懇願していると思われる。

やはり、イタリア・バロックの画家ランフランコの作品（図17）では、聖母子が画面上部にいて、トリエント公会議の推進者であり、死後の一六一〇年に列聖された聖ボロメオと、聖バルトロマイとともに描かれている。この作品については、この画家の伝記を書いたベローリにも記述があり、

図17　G・ランフランコ「聖ボロメオ、聖バルトロマイと聖母子」　画布・油彩　1616～17年　（カポディモンティ国立美術館蔵、ナポリ）

図16　グエルチーノ「聖パンクラテイウス　聖クララと聖母子」　画布・油彩　1615～16年頃（サン・セバスティアーノ聖堂蔵、チェント）

近年の研究では、一六一六～一七年頃の制作とされる。画面上部では、雲の上にいる聖母子を天使たちが囲んでいる。下部の前景左には、両手を大きく広げ信者を聖母子に誘う聖ボロメオがいる。その前には、側面像で、聖母子を見上げ、同時に、右手を胸にやる聖バルトロマイがいる。バルトロマイ修道会は、一六四〇年に創立される。

フランドル・バロックにおける作例

ここで、アルプスの北方に目を転じて見たいと思う。図18は、パリで十七世紀半ばに描かれた、P・ド・シャンパーニュ作「煉獄の魂を救い出す勝利するキリスト」である。画面上部に本論の論旨にとっては興味深い人物群が描き込まれている。ここには、「聖母子」は認められない。しかし、画面の上部中央には、誇り高きキリストが描かれていて、やや左下に聖母が描かれている。キリストの左手下には、ザビエルとロヨラの二人が祭服に身を包んで描かれ、聖母の手の仕草は、胸に右手を置いた形を取っている。ここでは、画面の下に「煉獄」から救い出される魂を描いていて、聖母が、キリストにその救済を懇願しているところである。

キリストを中心とした複数の人物群を、煉獄からの救済というドラマの中に演出した作品である。ここでは、聖母の仕草がドラマの一つの核となっていることが指摘できる。拙論（木村二〇一五）で詳しく論じてあるように、ブリュッセルで生まれたシャンパーニュは、パリ在住の時期にも、フランドルの影響を濃厚に受けた制作を行っていて、この作例にも、ヴィーリクスを初めとしたイエズス会関係の作品が着想源となっている。

図18　P・ド・シャンパーニュ「煉獄の魂を救い出す勝利するキリスト（通称・煉獄の魂）」　画布・油彩　1652年頃　384×255.5cm（オーギュスタン美術館蔵、トゥールーズ）

「とりなし図像」とは何か

聖書の『ヨハネによる福音書』には、以下のように、イエスが述べた一節がある。

あなたがわたしの名によって何かを父に願うならば、父はお与えになる

こうした神と人との間をとりつぐ仲介者としての働きを、神学の世界では「とりなし」と呼ぶ。M・ルターによる宗教改革の荒波に対して、自ら改革を試みるために、十六世紀半ばに開かれたトリエント公会議では、煉獄にいる霊魂がミサと信者の祈りによって助けられるという教会の従来の教えを再確認した。以上のように、フランドル、イタリア、そして、フランスで制作されてきた、「聖母子と諸聖人」の図像群には、この『ヨハネによる福音書』の中の一節が影響力を持っていたように思われる。この教えを、どのように版画、そして絵画に描き込むか、という課題を与えられた画家・版画家たちは、先行事例として多く描かれていた「聖会話」を念頭におきながら、新たに、胸に手を置くという仕草にこだわったようである。こうした事情から、聖母に抱かれたイエスに、とりなしを願う聖人たち、という造形が作り出されたのではないか、と考えられるのである。

図19　ヴィーリクス「聖マティア」　版画　13.2×8.3cm
記銘　ACTVS　APOSTOLOVM　CAP.1
VS,26

図20　P・P・ルーベンス「聖マティア」　油彩・板　1611年頃
108×84cm　（プラド美術館蔵、マドリード）

三、「マリア十五玄義図」に描かれた「聖マティア」について

ここで、冒頭に紹介した、「マリア十五玄義図」（図１）を改めて考察してみたいと思う。繰り返すと、画面上部には、聖母子が描き込まれている。そして、下部には、四人の聖人が認められる。しかしながら、何故に、わざわざ、聖母子と聖人たちを、左右ではなく、上下に区分した空間に位置づけたのであろうか。

　神戸市立博物館所蔵の「聖フランシスコ・ザビエル」（図７）が手に持っている「燃え上がる心臓」というアトリビュートが、煉獄からの救済を暗示していることは、拙著の中ですでに論じている。そうであるとすれば、この時代の日本人のキリシタン画家も、煉獄にいる霊魂がミサと信者の祈りによって救済されるという、教会の教えを認知していたと仮定することは無理な話ではない。筆者は、作品の制作を依頼した人と画家には、救済を願うための、本稿で考察を深めてみた「とりなし」図像についての知識があったのではないだろうか、と考えている。

最後に、画面下部の左手に描きこまれた聖マティアの仕草について、若干の補足を試みたいと思う。この聖人は、イエスが、洗礼者ヨハネから洗礼を受けたときから主に従い、主の復活をも目撃した弟子の一人である。イスカリオのユダの裏切りによって十二使徒に欠員が生じたので、主の昇天後、くじによって使徒に選ばれた。

図19に示した版画は、やはりヴィーリクスの作品で、使徒を描いた連作十四点の中の一つである。この版画家は、アトリビュートを明確に描き出すことに特に留意したことで知られた存在であり、この作品でも斧を右手に持っている。図20は、ヴィーリクスの作例も十分に認知していたルーベンスが描いた、この聖人を側面から描いた半身の肖像である。

こうした西洋における事例と「マリア十五玄義図」（図1a・b）に描き込まれた聖マティアを比べてみたい。胸に当てた左手の仕草に違いが認められるからである。この仕草は、図15~18で紹介した作例の中の、聖人の右手の所作と同じであることがわかる。ということは、やはり、図1a・bには、伝統的な「とりなし」の意味が隠されているのではないだろうか。

西村貞氏は一九四五年に刊行した、本稿でもしばしば引用した重厚な研究書の中で、ルキアとマティアが、慶長・元和期に日本における信徒の間で、最も普遍的な洗礼名であったことを強調している。なぜならば、氏の調査によると、この時代の殉教者名簿にその名前が多く発見できるからである。この掛け軸の制作にあたって、マティアとルキアという洗礼名を持つ一組の夫婦が、施主《せしゅ》となってこれを喜捨《きしゃ》したとする、氏の見解を改めて紹介したいと思う。

おわりに

本稿は、図1が制作された時代に、西欧で描かれた類似テーマの作品を並列するという、いささか視野の大きすぎる問題設定である。しかし、南蛮絵画研究ではこれも許されるのが、この時代の文化の東西交渉が生んだ可能性である。一方で、「とりなし」という言葉は、西洋美術史における宗教図像学では、明確には使われたことのない用語である。それ故にこそ、本稿の結論として、筆者には、「マリア十五玄義図」に描かれた聖母子と聖人たちの関係に、トリエント公会議以降の「とりなし」についての理念から考える視点を、ここに提案したいと思うのである。

参考文献（※は「マリア十五玄義図」に言及のある文献）

一次資料

Loarte, G., *INSTRVICAM//& auisos pera medi-tar os myste-//rios do Rosaio da santissi-//ma Virg(?)nen Maria//*[...]//Officio,$ Ordi-nario.//[...]1587.

小島幸枝編著『キリシタン版『スピリツアル修行』の研究――「ロザイロの観念」対訳の国語学的研究――』（笠間書院、一九八九年、全三巻、資料編（下）に復刻版）

「マリア十五玄義図」「ザビエル像」についての和文文献

橋川正「北摂より発見したる切支丹遺物」（『史林』第六巻第一号、一九二一年）一二〇頁※

新村出「摂津高槻在東氏所蔵の吉利支丹遺物」（『京都帝国大学文学部考古学研究報告』第七、一九二三年）七―九頁※

藤波大超「新に発見されたマリア十五玄義図に就いて」（『歴史と地理』第二七巻第五号、一九三一年）五八八―五九二頁※

濱田青陵「原田本マリヤ十五玄義図」（『寶雲』一九三五年）一三―二四頁

西村貞「瑪利亜十五玄義図の研究」（『日本初期洋画の研究』全国書房、一九四五年）一二二―一七八頁※
西村貞「マリヤ十五玄義図」（『南蛮美術』講談社、一九五八年）三九―六三頁※
神庭信幸・小島道裕・横島文夫・坂本満「京都大学所蔵『マリア十五玄義図』の調査」（『国立歴史民俗博物館研究報告』第七六集、一九九八年）一七五―二一〇頁※
坂本満「マリア十五玄義図の図像について」（『国立歴史民俗博物館研究報告』第七六集、一九九八年）一九七―二〇九頁※
木村三郎『大ザビエル展』（東武美術館、一九九九年）他、六三、八一、一八八頁、図六一
神庭信幸「国立歴史民俗博物館特定研究南蛮関係資料研究班による神戸市立博物館所蔵「聖フランシスコ・ザビエル像」の調査に関する概要」（『神戸市立博物館研究紀要』第一六号、二〇〇〇年）一―一五頁※
神庭信幸・小島道裕「東家所蔵『マリア十五玄義図』の調査――付、京都大学所蔵『マリア十五玄義図』旧蔵家屋の調査――」（『国立歴史民俗博物館研究報告』第九三集、二〇〇二年）一〇三―一五五頁※
木村三郎『ニコラ・プッサンとイエズス会図像の研究』（中央公論美術出版、二〇〇七年）※
若桑みどり「日本におけるタベルナクル《聖母十五玄義図》」（『聖母像の到来』青土社、二〇〇八年）一七七―二五八頁※
児島由枝「キリシタン美術と対抗宗教改革のイタリア美術」（美術史学会発表要旨）二〇一一年五月二十日
児嶋由枝「かくれキリシタン聖画比較研究」（『長崎県内の多様な集落が形成する文化的景観保存調査報告書』（論考編）、二〇一三年）四五〇―四六五頁
宇埜直子「《マリア十五玄義図》再考――「神殿奉献」場面を中心に――」（『美術史論集』二〇一四年）五五―六五頁※
木村三郎「フィリップ・ド・シャンパーニュ作、通称《煉獄の魂》再考――「勝利するキリスト」図像の視点から――」（『旅の書物／旅する書物』慶応大学出版会、二〇一五年）一六五―一九一頁
児嶋由枝「日本二十六聖人記念館の《雪のサンタ・マリア》とシチリアの聖母像――キリシタン美術とトレント公会議後のイタリアにおける聖像崇敬――」（『イタリア學會誌』第六五号、二〇一五年）一六七―一八八頁※

「聖会話」と「とりなし図像」についての関連欧文文献若干

Kirschbaum, SJ. E., (herausgegeben von), *Lexikon der christlichen Ikonographie*, (1968-1976) 1990, Herder, 8 vols.
Hall, J., *Dictionary of Subjects and Symblos in Art*, 1974, Harper and Row, Coll.Icon. 邦訳：ホール『西洋美術解読事典』（監修・高階秀爾、邦訳・高橋達史他、河出書房新社、一九八八年）
Goffen, R., «Nostra Conversatio in Caelis Est. Observations on the Sacra Conversazione in the Trecento», *The Art Bulletin*, 1979, 61, No. 2, pp. 198-222.

図版出典

図3　若桑みどり『聖母像の到来』（青土社、二〇〇八年）
図4・5・6・18　木村三郎『ニコラ・プッサンとイエズス会図像の研究』（中央公論美術出版、二〇〇七年）
図8・11・12・17　Wikimedia Commons
図9　Vlieghe, H., *Saints II*, 1973, Phaidon, Coll.Corpus Rubenianum Ludwig Burchard.
図10　http://www.britishmuseum.org/research/collection_online/collection_object_details.aspx?objectId=1640749&partId（二〇一六年十一月二十五日アクセス）
図13　Hood, W., *Fra Angelico at San Marco*, 1993, Yale University Press.
図14　Pedrocco, F., *Titien*, 2000, L. Levi.
図15　*The New Hollstein Dutch & Flemish Etchings, Engravings and Woodcuts 1450–1700*, 2004, Sound Vision.
図19　Mauquoy-Hendrickx, M., *Les Estampes des Wierix*, 1978-83, Bibliothèque royale Albert Ier.
図20　http://free-artworks.gatag.net/2013/03/05/140000.html（二〇一六年十一月二十五日アクセス）

III

ザビエル・グラフ

遠くヨーロッパから、インド、東南アジア、そして日本へと、キリストの教えを広めるために苦難の旅を続けた宣教師フランシスコ・ザビエル。その足跡《そくせき》と影響は、世界的規模の空間におよぶ。

ここでは、生誕地スペインのザビエル城から、アジア宣教の本拠としたゴア（インド）、そして日本布教の拠点となった鹿児島・山口・大分、さらには、その生涯を描いた絵画群を架蔵するリスボンのサン・ロケ教会（ポルトガル）で撮影してきた33枚の写真を紹介しよう。各画像から、16世紀にザビエルが蒔《ま》いた種が、500年経とうとする21世紀の現代に確実に果実していることが実感できる。

文・撮影　鹿毛敏夫

生誕の地◆ザビエル城

スペイン

2

3

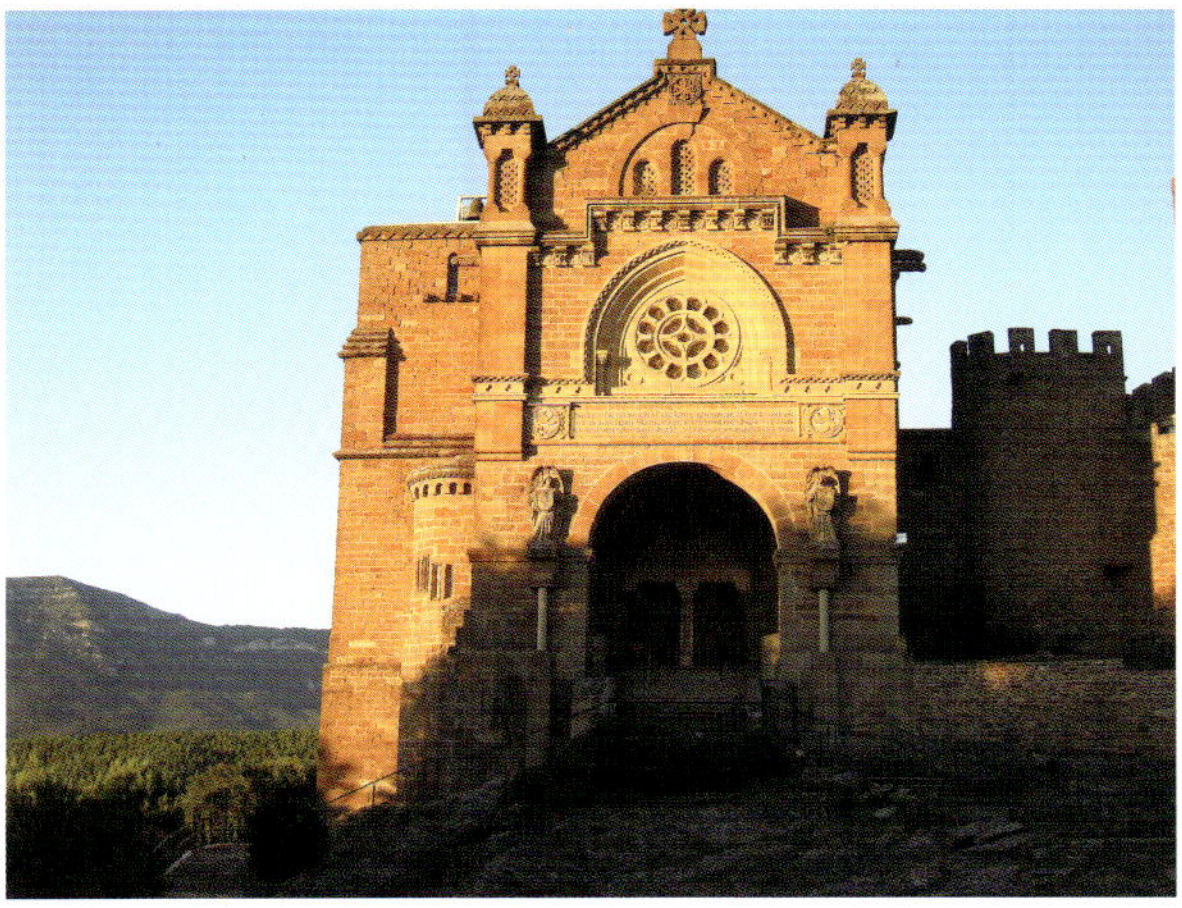

4

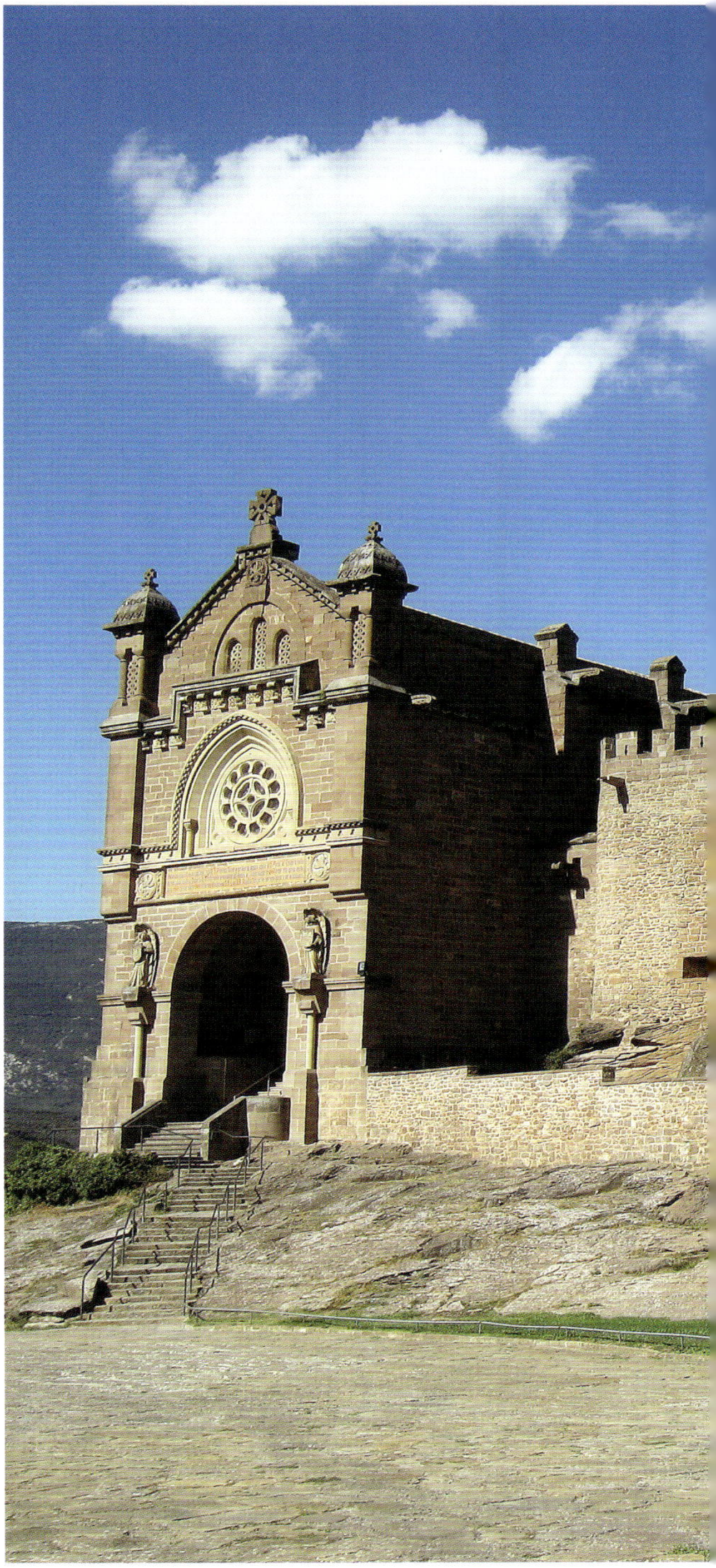

1

1 ザビエル城全景▶10世紀末に建てられた主塔（中央部）を中心に、13世紀までに防塁が加えられ城塞化した

2 1901年に加えられた教会部分

3 夕暮れのザビエル城

4 金色の教会

5

7

6

5 ザビエル城遠景▶後方はバスクの山並み
6 ザビエル城遠景▶1940年撮影、ザビエル城屋外案内板より
7 ザビエル城遠景▶撮影年未詳、ザビエル城屋外案内板より
8 城内のザビエル像
9 ハビエル村▶左遠方にザビエル城が見える
10 ザビエル城の標識▶敷地内には城と教会のほかにホテルやレストランも備える
11 城内の展示室

9

8

10

11

アジア宣教の本拠◆ゴア

インド

2

3

1

1　ザビエルが眠るボン・ジェズ教会
2　ボン・ジェズ教会のザビエル像
3　ザビエルの棺（ボン・ジェズ教会）

5

6

4

4 **聖パウロ学院の正面ファサード趾**▶フランシスコ会ののちイエズス会が運営し、最盛期には3000名の学生が学んだ

5 **聖パウロ学院標札**

6 **コモリン岬の朝**▶インド半島南端のこの地をザビエルは何度も往来した

1

日本上陸の地

◆

薩摩鹿児島

鹿児島市

1 ザビエル上陸記念碑▶後方に島津氏家紋「丸十紋」と桜島頂上がのぞく

2 ザビエル公園のザビエル像（中央）とアンジロー像（左）・ベルナルド像（右）

3 鹿児島カテドラル・ザビエル記念聖堂

4 ザビエル公園のザビエル滞霰《げい》記念碑

3

2

4

本格的布教活動の地◆

周防山口

山口市

2

3

1

1　山口サビエル記念聖堂

2　ザビエル公園の聖ザビエル記念碑

3　大内氏館《やかた》跡に復元された庭園▶この地でザビエルと大内義隆《よしたか》が面会した

イエズス会日本宣教の本拠

豊後府内

大分市

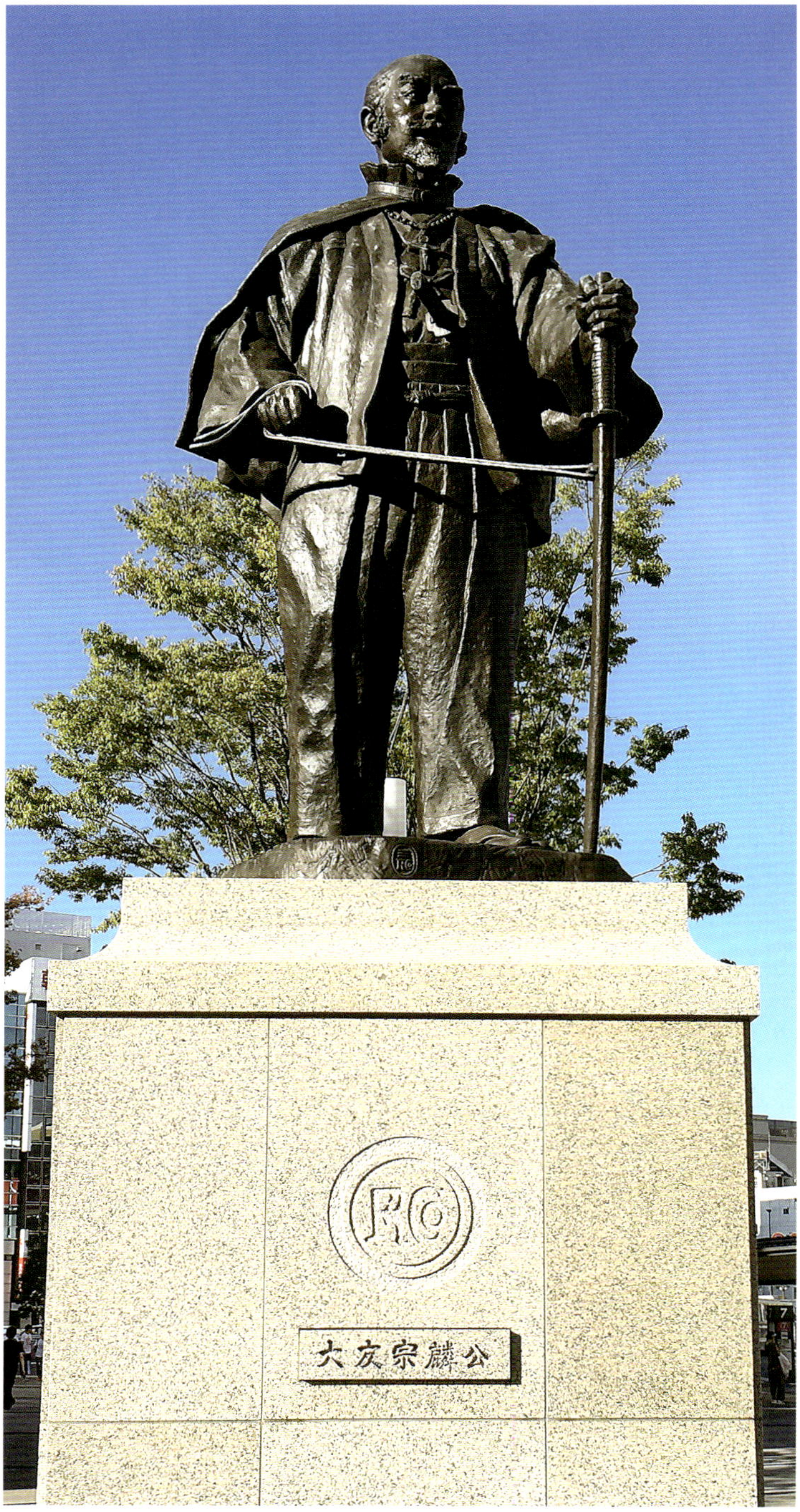

1

4

2

3

1　JR大分駅前の大友義鎮《よししげ》（宗麟《そうりん》）像▶1579～80（天正7～8）年、発給書状に「FRCO」（フランシスコ）の洗礼名を刻んだ朱印を使用し、1581（天正9）年からは「府蘭《ふらん》」と署名した

2　発掘整備が進む大友氏館《やかた》跡の庭園遺構

3　九州全体をBungo（豊後）と表記するペトルス・ベルチウスの「アジア図」（1610年作）
▶キリシタン大名大友義鎮（宗麟）の名声が誇大してヨーロッパに伝わった

4　JR大分駅前のザビエル像

1

2

リスボンとサン・ロケ教会

ポルトガル

3

1 リスボン遠景▶後方のテージョ川を通じて大西洋につながる

2 アンドレ・レイノーゾの連作画「フランシスコ・ザビエルの生涯」を架蔵するサン・ロケ教会

3 教会内の大聖堂

4 教会内の聖具室▶数多くの宗教画が壁面を飾る

5 聖具室壁面に額装されるレイノーゾとその工房の連作画（ザビエルの日本滞在場面、本書38〜43頁15 16 17）

4

5

Ⅳ

資料編

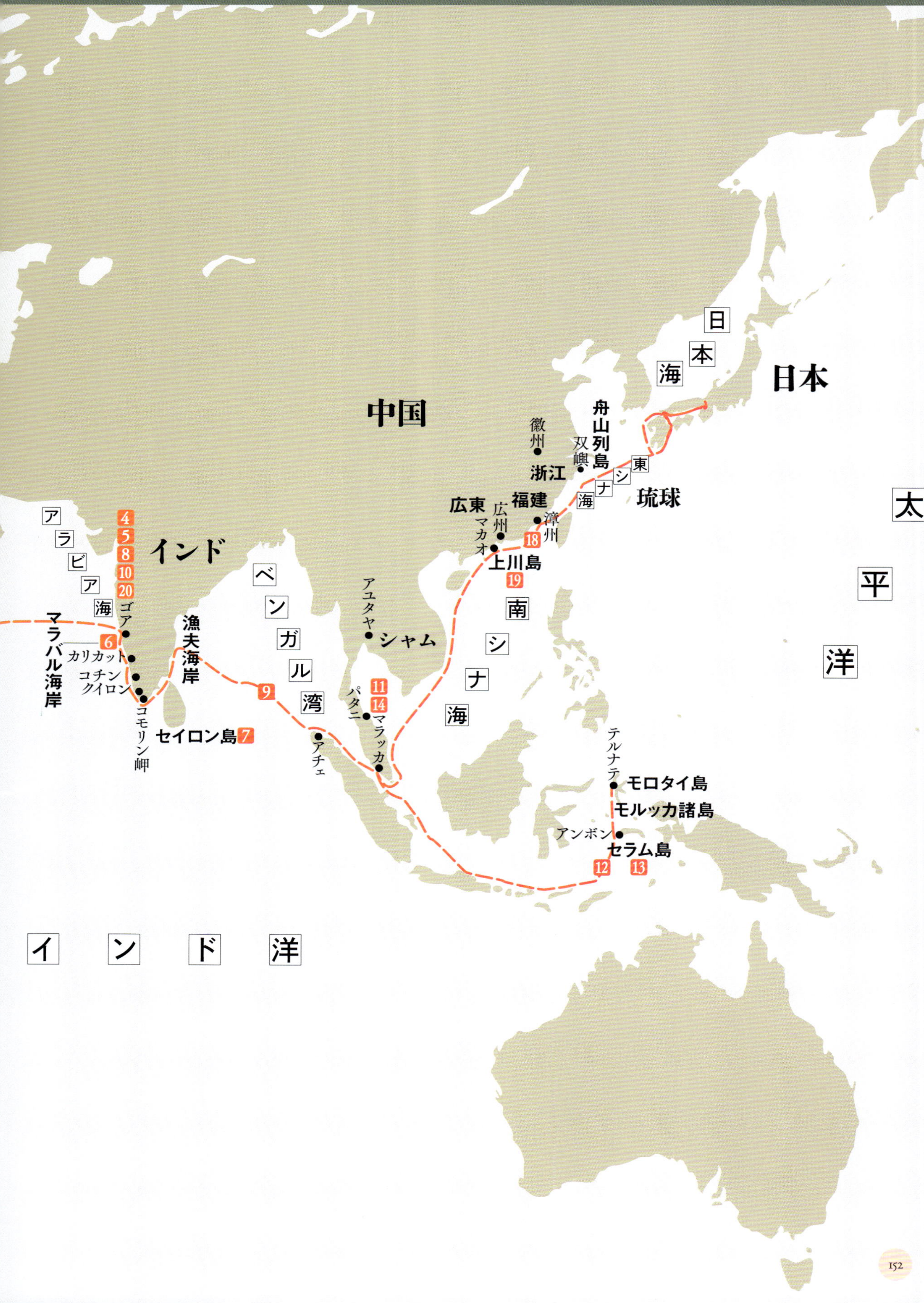
日本海
日本
中国
舟山列島
徽州
双嶼
浙江
東シナ海
琉球
太平洋
広東
福建
広州
マカオ
漳州
18
上川島
19
南シナ海
アラビア海
4
5
8
10
20
インド
ゴア
6
マラバル海岸
カリカット
コチン
クイロン
コモリン岬
漁夫海岸
セイロン島
7
ベンガル湾
9
アユタヤ
シャム
11
14
パタニ
マラッカ
アチェ
テルナテ
モロタイ島
モルッカ諸島
アンボン
セラム島
12
13
インド洋

フランシスコ・ザビエル関係地図 1（世界）

――― は、ザビエルの渡航ルート

1 ～ 20 は、本書掲載アンドレ・レイノーゾ作「フランシスコ・ザビエルの生涯」の該当地

フランシスコ・ザビエル関係地図 2（日本）

ーーーは、ザビエルの渡航ルート

15〜17は、本書掲載アンドレ・レイノーゾ作「フランシスコ・ザビエルの生涯」の該当地

関連年表

西暦	年齢	ザビエルの事績（1～20は本書掲載アンドレ・レイノーゾ連作画の位置づけを示す）			関連するできごと
一五〇六	0	四月七日	スペイン、ナバラ王国のザビエル城で誕生		陳李長（陳元明の曽祖父）一族が肥前森崎（長崎市）に上陸
一五〇七	1				十二月、大内義隆《よしたか》誕生
一五一〇	4				ポルトガルがインドのゴア占領
一五一一	5				永正度遣明船（細川船・大内船）派遣
一五一四	8				五月、島津貴久《たかひさ》誕生
一五一五	9		父ファン・ハッス没		スペインがナバラ王国を併合
一五一七	11				ルターによる宗教改革
一五一九	13				マゼランの世界周航（～一五二二）
一五二三	17				寧波《ニンポー》の乱（細川・大内両氏の抗争）
一五二五	19		パリ大学の聖バルバラ学院に入学		
一五二六	20				石見《いわみ》銀山開発（一五二七年説もあり）
一五二八	22				大内義隆が西日本六ヶ国守護職《しゅごしき》を獲得
一五二九	23		母マリア・アスピルクエタ没 イグナティウス・デ・ロヨラと同室となる		
一五三〇	24		パリ大学卒業、哲学教授の資格を取得		一月、大友義鎮《よししげ》（宗麟《そうりん》）誕生
一五三四	28		同志七人でモンマルトルの丘のサン・ドニ地下聖堂で、清貧・貞潔・聖地巡礼の誓願を立てる		織田信長誕生 イエズス会成立
一五三五	29		哲学修士の学位を取得		
一五三七	31	一月	ヴェネツィアで病人の告解《こっかい》を聞く	2	豊臣秀吉誕生
		四月三日	ローマ教皇パウロ三世に謁見《えっけん》	1	
一五三九	33				天文八年度遣明船（大内船）派遣
一五四〇	34	三月十五日	ボバディーリャに代わってインド宣教に向けてローマ発		

一五四〇	34	七月	ポルトガル国王ジョアン三世に謁見	3	九月、ローマ教皇がイエズス会公認
一五四一	35	四月七日	新任インド総督マルティン・アルフォンソ・デ・ソーザの船でリスボン発		
		八月	モザンビーク着		豊後府内にジャンク船着岸し明人二八〇人が上陸
一五四二	36	五月六日	インドのゴア着	4・5	肥後の相良義滋《さがらよししげ》が琉球に商船を派遣
		九月	インド南部で宣教活動	6	徳川家康誕生
一五四三	37	十一月	ゴアへ戻る	8・10	種子島にポルトガル人が乗った倭寇《わこう》船着（鉄砲伝来、一五四二年説もあり）
一五四四	38				天文十三年度遣明船（大友船・相良船）派遣
一五四五	39		ジョアン三世にインドでの宣教状況を報告		博多で明人海商王直《おうちょく》が活動
			コチンからセイロン、サン・トメを経てマラッカ着	7・9	薩摩で島津貴久が勢力拡大
一五四六	40		モルッカ諸島のアンボン、テルナテ、モロタイ島で宣教	12・13	肥後宮原《みやはら》銀山発見
一五四七	41	七月	マラッカ帰着		天文十六年度遣明船（大内船）派遣
		十二月七日	日本人アンジローと面会	11・14	十二月、マラッカのポルトガル艦隊とアチェ王国の交戦
一五四八	42		インドに戻り活動		浙江《せっこう》巡撫《じゅんぶ》朱紈《しゅがん》が密貿易港双嶼《そうしょ》を封鎖
一五四九	43	四月十五日	日本宣教に向けてゴア発		
		五月三十一日	マラッカ着		
		八月十五日	鹿児島着	15	
		九月二十九日	伊集院で島津貴久（35歳）に面会		
一五五〇	44	八月	平戸に赴き松浦隆信《まつらたかのぶ》（21歳）に面会		二月、大友義鑑《よしあき》没、義鎮（宗麟）が家督《かとく》相続
		十月	平戸発		
		十一月	山口着、大内義隆（43歳）に面会		
		十二月	京都に向けて出発		
一五五一	45		堺豪商日比屋了珪《ひびやりょうけい》宅に滞在		織田信長（17歳）が家督相続

一五五一	45		京都に上り天皇謁見を望むもかなわず滞在十一日で下向		
		三月	平戸へ戻る		
		四月	山口再訪、大内義隆に親書・進物を贈呈	16	
		九月	山口発、豊後府内着、大友義鎮（21歳）に面会	17	陶隆房《すえたかふさ》の謀反《むほん》のため九月三十日大内義隆没
		十一月十五日	豊後発		
		十二月	マラッカ着	18	
一五五二	46	二月	ゴア帰着		三月、大友義鎮の弟晴英《はるふさ》が大内家家督を継承（大内義長）
		四月十七日	中国宣教に向けてゴア発		
		五月三十一日	マラッカ着		
		八月	中国広東の上川島着、中国本土渡航の機会を待つ		
		十一月二十一日	高熱を発症	19	
		十二月三日	没		
一五五三			遺体をゴアの聖パウロ学院に移送	20	

あとがき

リスボンのサン・ロケ教会を初めて訪ねたのは、二〇〇九年十一月のことである。聖堂奥の瑠璃やモザイクで飾られたサン・ジョアン・バプティスタ礼拝堂の美しさは人々を魅了するが、むしろ私が感動したのは、主祭壇左手に位置する聖具室の扉を開いた瞬間だった。こぢんまりとした部屋の壁面にまるで絵巻物のように額装掲示された連作油彩画。アンドレ・レイノーゾとその工房が十七世紀に描いた二十枚の絵画が、ザビエルという人間を介して語りかけてきた。

以来私は、ポルトガルを訪れるたびにこの聖具室に通い、絵画群をより多くの人に紹介する機会を待った。二〇一三年度から日本学術振興会科学研究費補助金基盤研究（C）（JSPS KAKENHI Grant Number JP25370815）の助成を受けて、関係史料を調査した。二〇一四年度には東京大学史料編纂所一般共同研究の申請・採択を得て、本書共著者ら六名でザビエル城をはじめとするスペインの関係先を調査することができた。また、二〇一五・一六年度には編者が勤める名古屋学院大学研究奨励金の支援も受けた。

特に、本書「図版編」の掲載に際しては、在ポルトガル大使館二等書記官小長谷なつき氏より格別の配意をいただくとともに、架蔵元のサン・ロケ教会博物館長テレサ・モルナ（Teresa Morna）氏、画像撮影者ジュリオ・マルケス（Julio Marques）氏より多大な協力を得た。また、東京大学史料編纂所准教授岡美穂子氏、東京外国語大学特任准教授ルシオ・デ・ソウザ（Lucio de Sousa）氏には、編者が不慣れな日本―ポルトガル間の掲載交渉でご助力いただいた。記してお礼申し上げたい。六名の共著者のみなさんからも、独自の問題関心からユニークな論考をいただき、「考察編」としてまとめることができた。

本書が、日本とポルトガルの国際協力によって成ったことにあらためて感謝するとともに、各画像と論考に「描かれたザビエルと戦国日本」そしてアジアの姿が、国際社会のなかでより多くの人々の目にとまることを期待したい。

鹿毛敏夫

執筆者一覧（掲載順）

◎編者　鹿毛敏夫（奥付参照）

岸野　久（きしの・ひさし）

一九四二年生まれ。元桐朋学園大学短期大学部教授。キリシタン史専攻。現在は、上川島におけるザビエルを研究。

主な著書に、『西欧人の日本発見──ザビエル来日前日本情報の研究──』（吉川弘文館、一九八九年）、『ザビエルと日本──キリシタン開教期の研究──』（吉川弘文館、一九九八年）、『ザビエルの同伴者アンジロー──戦国時代の国際人──』（吉川弘文館、二〇〇一年）、『ザビエルと東アジア──パイオニアとしての任務と軌跡──』（吉川弘文館、二〇一五年）などがある。

山崎　岳（やまざき・たけし）

一九七五年生まれ。奈良大学文学部准教授。東洋史学専攻。現在は、東アジア海域、とくに中国周辺の海賊を研究する。

主な論文に、「舶主王直功罪考」（上・下）（『東方学報』八五・九〇、二〇一〇・二〇一五年）、「ムラカ王国の勃興──十五世紀初頭のムラユ海域をめぐる国際関係──」（中島楽章編『南蛮・紅毛・唐人──十六・十七世紀の東アジア海域──』思文閣出版、二〇一四年）などがある。

中島楽章（なかじま・がくしょう）

一九六四年生まれ。九州大学人文科学研究院准教授。中国社会史・東アジア海域史専攻。中国明清史のほか、最近では中国・日本・ポルトガル史料により、十六～十七世紀の東アジア海域史の研究を進めている。

主な著書に、『明代中国の紛争と秩序──徽州文書を史料として──』（汲古書院、二〇〇二年）、『徽州商人と明清中国』（山川出版社、二〇〇九年）、編著に『南蛮・紅毛・唐人──十六・十七世紀の東アジア海域──』（思文閣出版、二〇一四年）などがある。

藤田明良（ふじた・あきよし）

一九五九年生まれ。天理大学国際学部教授。日本中世史、海域アジア史専攻。現在は、航海信仰、文化交流、島嶼民の生業などを中心に研究している。

主な著書に、『歴史のなかの神戸と平家』（神戸新聞総合出版センター、一九九九年）、『海から見た歴史』（東京大学出版会、二〇一三年）、論文に「航海神──媽祖を中心とする東北アジアの神々──」（桃木至朗ほか編『海域アジア史研究入門』岩波書店、二〇〇八年）などがある。

岡美穂子（おか・みほこ）

一九七四年生まれ。東京大学史料編纂所准教授。中近世移行期日本の対外関係史・キリシタン史専攻。現在は、南欧語史料を用いた日本キリシタン史、中世後期から近世初頭の貿易と外交を中心に研究している。

主な著書に、『商人と宣教師』（東京大学出版会、二〇一〇年）、論文に「統一政権とキリシタン」（『岩波講座　日本歴史　近世一』岩波書店、二〇一三年）などがある。

木村三郎（きむら・さぶろう）

一九四八年生まれ。日本大学芸術学部教授、金沢美術工芸大学客員教授。西洋美術史専攻。現在は、ヨーロッパ十七・十八世紀の図像学を中心とした美術史を研究している。

主な著書に、『名画を読み解くアトリビュート』（淡交社、二〇〇二年）、『ニコラ・プッサンとイエズス会図像の研究』（中央公論美術出版、二〇〇七年）などがある。

編者略歴

鹿毛敏夫（かげ・としお）

一九六三年生まれ。名古屋学院大学国際文化学部教授。博士（文学）。日本中世史専攻。現在は、戦国時代日本を国際的視野から分析している。

主な著書に、『戦国大名の外交と都市・流通』（思文閣出版、二〇〇六年）、『アジアン戦国大名大友氏の研究』（吉川弘文館、二〇一一年）、『大航海時代のアジアと大友宗麟』（海鳥社、二〇一三年）、『アジアのなかの戦国大名』（吉川弘文館、二〇一五年）、編著に、『戦国大名大友氏と豊後府内』（高志書院、二〇〇八年）、『大内と大友――中世西日本の二大大名――』（勉誠出版、二〇一三年）、論文に、「『抗倭図巻』『倭寇図巻』と大内義長、大友義鎮」（『東京大学史料編纂所研究紀要』二三号、二〇一三年）などがある。

協力者一覧

サン・ロケ教会（リスボン）
新カテドラル（コインブラ）
ヴァイセンシュタイン城
テレサ・モルナ（Teresa Morna）
ジュリオ・マルケス（Julio Marques）
ルシオ・デ・ソウザ（Lucio de Sousa）
岡美穂子
小長谷なつき
＊
茨木市立文化財資料館
大分県教育庁埋蔵文化財センター
大分市歴史資料館
株式会社ＤＮＰアートコミュニケーションズ
京都大学総合博物館
神戸市立博物館
国際日本文化研究センター
尚古集成館
上智大学キリシタン文庫
瑞峯院
長崎歴史文化博物館
龍福寺

描かれたザビエルと戦国日本
――西欧画家のアジア認識――

二〇一七年一月十二日　初版発行

［編　者］　鹿　毛　敏　夫
［発行者］　池　嶋　洋　次
［発行所］　勉誠出版㈱
〒一〇一―〇〇五一　東京都千代田区神田神保町三―一〇―二
電話　〇三―五二一五―九〇二一㈹

［印刷・製本］　太　平　印　刷　社
［ブックデザイン］　志岐デザイン事務所
（萩原　睦＋山本嗣也）

ISBN978-4-585-22156-2　C1021